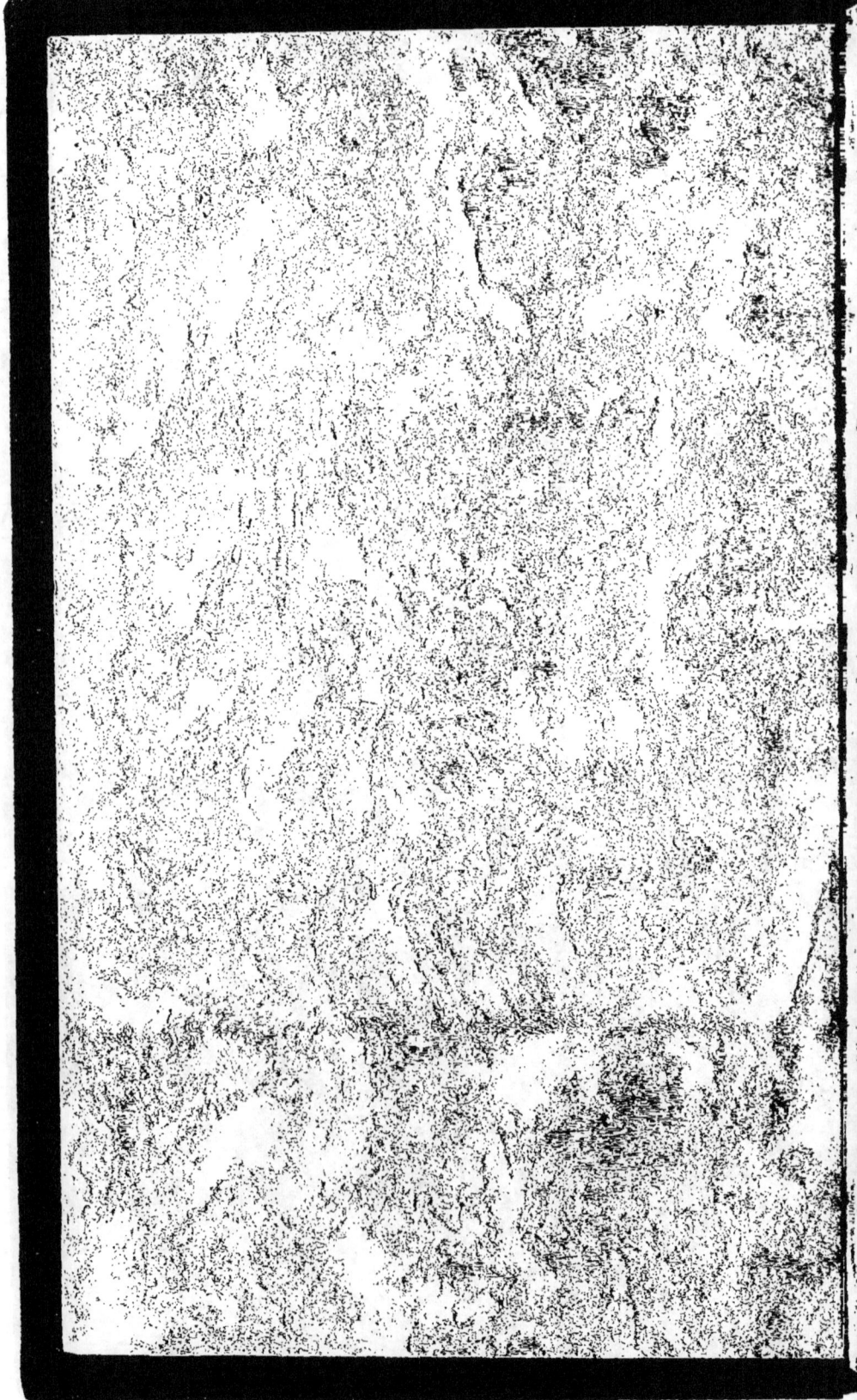

MOLINIE 1987

LES

PEINTRES FRANÇAIS

EN 1867

PAR

M. THÉODORE DURET

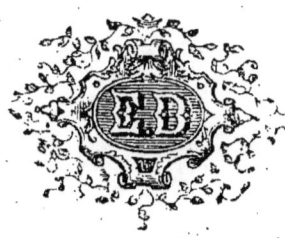

PARIS

E. DENTU, LIBRAIRE-ÉDITEUR

PALAIS-ROYAL, 17 ET 19, GALERIE D'ORLÉANS

1867

LES PEINTRES FRANÇAIS

EN 1867

PARIS

IMPRIMERIE BALITOUT, QUESTROY ET Ce.

Rues Baillif, 7, et de Valois, 18.

LES

PEINTRES FRANÇAIS

EN 1867

PAR

M. THÉODORE DURET

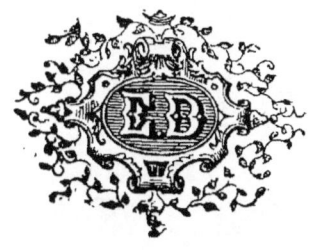

PARIS

E. DENTU, LIBRAIRE-ÉDITEUR

PALAIS-ROYAL, 17 ET 19, GALERIE D'ORLÉANS

—

1867

Tous droits réservés.

AVANT-PROPOS

L'Exposition universelle des artistes vivants au Champ-de-Mars, et celle qui a lieu tous les ans aux Champs-Élysées; les expositions des œuvres d'Ingres au Palais des Beaux-Arts, et de Théodore Rousseau au Cercle de la rue de Choiseul; les expositions particulières de MM. Courbet et Manet ont mis cette année, sous les yeux du public, toute une série d'œuvres des peintres français, qui permet de porter sur eux un jugement d'ensemble et de les caractériser dans leurs traits principaux. De là, la nature du travail que j'entreprends et le titre que je lui donne.

LES PEINTRES FRANÇAIS

EN 1867

INGRES

———

Il convient d'aborder l'examen des œuvres d'Ingres avec tout le respect et le recueillement que demande le grand art, dont on le dit parmi nous le dernier représentant.

Mais d'abord, pour nous faire une juste idée de

ce grand art et nous remettre ses formes sous les yeux, rappelons-nous, par le souvenir, les œuvres des grands maîtres qui l'ont porté à son plus haut point d'expression, les œuvres de Léonard de Vinci, de Michel-Ange, surtout celles de Raphaël, puisque c'est ce dernier qu'Ingres a principalement étudié et dont il s'est constamment inspiré.

En face de la *Dispute du Saint-Sacrement,* du *Saint-Paul prêchant à Athènes,* de la *Vierge de Saint-Sixte,* et de tant d'autres chefs-d'œuvre, l'émotion et le jugement se combinent pour faire reconnaître une suite de créations où l'accord est parfait entre la forme et le fond ; où l'artiste a su retracer en contours légers et cependant arrêtés, admirablement purs et malgré tout naturels, les formes qui ont frappé ses yeux; où il a encore su, en reproduisant des scènes puissantes d'action et de mouvement, les équilibrer et les disposer dans l'ordre le plus harmonieux, sans que l'effort et le travail apparaissent un seul instant et ôtent rien à la liberté d'allures de ses personnages. Et sur toutes ces figures, dont le contour est ce qu'il y a de plus pur, sur les traits de tous ces acteurs groupés avec une pondération si parfaite, le grand artiste est en outre parvenu à fixer sans efforts toute la vision intérieure qui se trouvait en lui. Les vierges sont d'admirables créatures au seul point de vue de la forme, mais la beauté de la forme, quelque grande qu'elle soit dans les vierges, ne se sépare jamais de la conception idéalisée et du sentiment poétique que la vue de la vierge par l'esprit faisait naître chez Raphaël; dans le *Saint-Paul prêchant*, les acteurs sont parfaitement groupés, mais pris en groupe ou isolément, ils ne sont sur la toile que pour faire ressortir l'effet de la prédication du saint sur l'esprit des Athéniens, et là encore la forme et l'expression sont parfaites et de même valeur étant aussi justes et aussi puissantes l'une que l'autre. Il est donc vrai que c'est dans l'œuvre de Raphaël que se trouve l'accord le plus complet de la beauté de la forme et de celle de l'expression, et si l'on veut considérer l'art sous un certain point de vue, il est vrai que Raphaël en est le plus sublime représentant.

Ceci étant, certains artistes, et à leur suite certaines écoles ont proclamé que le but à poursuivre dans les arts était de conserver par de fortes études, par une discipline sévère et une tradition fidèlement suivie, la pureté de la forme, la noblesse et la sévérité du dessin, qui constituent les traits du grand art, en un mot de continuer le cours et la succesion de formes écloses à une époque donnée, et considérées comme la réalisation la plus complète du type abstrait du beau, dont l'art ne doit point s'écarter.

A leur tour, d'autres peintres, se faisant de l'art une conception entièrement différente, sont venus proclamer qu'un pareil travail de continuation était impossible. L'art, autant qu'il est quelque chose, est, selon ces derniers, l'expression des sentiments d'une époque et d'un monde vivants; il doit donc être essentiellement variable dans ses manifestations, selon les temps et les lieux; et, comme dans les arts la forme ne peut jamais se séparer de l'expression, la forme employée pour rendre l'expression doit forcément varier elle-même en même temps que celle-ci. Peut-être que les types réalisés à une époque donnée seront infiniment supérieurs à tout ce que l'on pourra obtenir dans d'autres circonstances; mais, vaille que vaille, comme les manifestations de l'art n'ont de valeur qu'autant qu'elles sont originales et spontanées, les œuvres d'une école puisant tout en elle-même auront toujours un mérite supérieur à celles d'artistes qui, ne vivant que de souvenirs et de traditions, sont, par cela même, condamnés à ne produire que des pastiches ou des œuvres de reflet.

Depuis bientôt un demi-siècle, le procès des deux écoles nées de ces conceptions différentes se plaide par-devant le public, et le lieu pour en reprendre l'examen ne saurait être mieux choisi qu'au palais des Beaux-Arts, devant les créations d'Ingres. Nous voici donc en face de l'œuvre presque entière du chef de l'école classique; et, comme dans les arts, la valeur d'une œuvre donnée ne s'établit définitivement qu'autant qu'elle peut soutenir la présence d'autres œuvres d'un mérite reconnu, fermez un instant les yeux, et, avant de les rouvrir, évoquez par le souvenir et faites passer devant vous, comme en une vision, toutes les grandes productions des artistes placés par les classiques actuels au point de départ de la tradition ; revoyez ainsi par la pensée la *Cène de Milan*, l'*École d'Athènes*, le *Jugement dernier*, et ces créations bien présentes à l'esprit, rouvrez les yeux et reportez-les sur l'*Apothéose d'Homère*, sur le *Martyre de saint Symphorien* et sur le *Christ au milieu des Docteurs*, exposés devant vous. Eh bien ! je ne connais point de comparaison qui soit plus écrasante pour celui qui en est l'objet.

Votre souvenir vous avait mis en présence d'œuvres puissantes par le mouvement, par la grandeur, par la liberté d'allures, puissantes surtout par l'esprit dont elles sont pénétrées, par la vie qui déborde en elles, par le souffle qui en ressort, si bien qu'à la seule vision évoquée par la pensée, votre être tout entier se trouvait ému et ébranlé. Mais quelle émotion profonde éprouvez-vous devant l'*Apothéose d'Homère* et le *Christ au milieu des docteurs?* Où est le signe qu'un être inspiré et doué d'une puissante imagination ait soufflé sur ce monde pour y imprimer la vie et la trace de la passion? L'expression de la vie et de la passion manque au contraire absolument dans tous ces groupes et sur toutes ces figures, et tous ces acteurs reproduits sur la toile avec tant de soin ne dérobent point un seul instant le secret des pénibles efforts et de l'enfantement laborieux auxquels ils doivent naissance.

Chez Raphaël, tirant tout de son propre fond et trouvant spontanément pour rendre les créations de son imagination une forme appropriée, la forme et l'expression ne sont jamais séparées, elles sont l'une dans l'autre, intimement unies et absolument de même nature. La pensée créant et la main fixant les créations de la pensée sont mues par un même ressort et opèrent simultanément ; aussi la ligne ailée, les contours purs et harmonieux, l'équilibre admirable des parties ne sont-ils sur la toile que pour y fixer une expression de même nature et de même valeur qu'eux, c'est-à-dire idéale, poétique et souriante. Mais la ligne et les contours étudiés par Ingres, est-ce que reproduits par lui sur la toile, ils servent comme chez Raphaël à y fixer les créations d'une imagination essentiellement poétique? Et si quand Ingres prend le pinceau la tête pleine par l'étude et le souvenir des contours de Raphaël pour les retracer, il n'est ni animé du même souffle, ni sous le coup des mêmes émotions qui existaient chez ce dernier, que vaut l'œuvre sortie de ses mains? Qu'est-elle sinon un corps sans vie et sans âme? Car, encore une fois, chez Raphaël la ligne et les contours n'existent que pour rendre une émotion ou une vision d'un certain ordre, et n'ont plus de valeur une fois séparées d'elles.

Cependant, examinons les œuvres des deux artistes en les comparant dans le détail. Voyez le *Saint Michel terrassant le démon,* ailé, radieux, planant dans les airs et donnant réellement l'idée d'un être venu des régions célestes, mettez à côté le *Persée* d'Ingres monté sur un affreux griffon, la lance lourdement fixée au corps, toute la scène sans mouvement et sans légèreté. Regardez les *Vierges* d'Ingres! A quoi ont servi au peintre ses études et l'habileté acquise pour retracer certains contours? Où est l'expression idéalisée qu'eut dû faire naître en lui le rêve de la Vierge et qu'il a fait naître chez les natures poétiques comme Raphaël et Léonard? Dans la *Jeanne d'Arc,* où est encore l'expression qui devrait se refléter sur les traits de l'héroïne; essayez d'évoquer le type que Jeanne d'Arc devrait revêtir à vos yeux, reportez-vous ensuite au tableau d'Ingres, et demandez-vous s'il possédait réellement cette puissance magique qui permet à l'artiste de créer en lui des conceptions idéales pour les fixer ensuite sur la toile, comme l'a fait Raphaël avec la *Sainte Cécile?* Devant l'*Apothéose d'Homère,* pensez à l'*École d'Athènes,* et voyez d'un côté des groupes lourds où manque le mouvement, sur les visages aucun de ces rayons célestes et lumineux qui réalisent les types enfantés par l'imagination, de l'autre des visages inspirés et des corps souples formant des groupes harmonieux où circule la vie. Enfin, devant le *Christ au milieu des docteurs,* qui est l'œuvre où l'imitation presque servile de Raphaël se fait le plus vivement sentir, si vous vous souvenez un seul instant du *Saint Paul prêchant à Athènes* ou de la *Dispute du Saint-Sacrement,* la comparaison ainsi établie est aussitôt écrasante et décisive.

Chez Léonard de Vinci, Raphaël et Michel-Ange, c'est l'imagination toute-puissante et créatrice qui fait naître et éclore chez le peintre un monde vivant de créations et de visions poétiques qu'il fixe ensuite sur la toile, et la forme n'est pour lui qu'un moyen, qu'une manière de rendre ses conceptions. Chez Ingres et tous les imitateurs de formes déjà créées, c'est la forme qui est volontairement étudiée et reproduite par l'effet du parti pris et d'un système; mais le souffle vivifiant, l'imagination souveraine et toute-puissante, la vision intérieure créatrice et primesautière faisant défaut, la forme restée seule demeure froide et sans vie et n'est plus qu'un cadavre.

Ingres échoue donc lorsqu'il veut fixer sur la toile à l'aide de formes et de contours qu'il ne trouve point lui-même des créations idéales pour lesquelles la grande imagination lui manque; il ne devient vraiment puissant et créateur que lorsqu'il se retrouve en face du modèle vivant appelé à reproduire l'expression de la vie qu'il lui aura trouvée. Dans l'*Homère*, la *Jeanne d'Arc*, les *Vierges*, on découvre des figures retracées à l'aide de lignes étudiées et de contours que l'artiste s'est efforcé de rendre purs, mais la conception idéalisée qu'il devait d'abord réaliser en lui manquant, l'expression manque du même coup, et les personnages ne vivent pas; mais dans les portraits de *M. Bertin* et de Mme *de Tournon*, on découvre, au contraire, toute une âme se réflétant sur les traits de la figure peinte, on se sent de suite en face d'œuvres vivantes, pénétrées par l'esprit et empreintes d'un souffle puissant. Et ce n'est pas seulement par l'expression que ces œuvres sont supérieures aux autres, c'est encore comme force d'exécution et comme qualité matérielle de peinture, car les portraits de *M. Bertin* et de *Mme de Tournon,* la *Source* et l'*Odalisque couchée,* sont, sans contredit, bien supérieurs, comme valeur de faire et comme vigueur de touche, à la peinture terne et froide de l'*Apothéose d'Homère* et du *Christ au milieu des Docteurs.*

Ingres, placé en face du modèle vivant, se montre donc un grand artiste. Et, en effet, il est impossible de créer quelque chose de plus remarquable que ce monde de portraits. Vous avez longtemps regardé le portrait de *Mme Leblanc,* et vous connaissez maintenant au physique et au moral la personne qui en est le sujet aussi bien que si vous eussiez vécu dans son intimité, car l'artiste, en fixant ses traits sur la toile, a également su y fixer tout le caractère moral qu'ils lui avaient révélé. Il existe dans l'œuvre d'Ingres toute une série de portraits et de croquis au crayon où l'artiste est éminemment original, et où, précisément pour cette raison, il donne la mesure exacte de ce qu'il vaut. Tous ces portraits vivent, tous nous donnent le reflet d'une âme ou d'un caractère ; toute l'infinie variété d'expressions que peut revêtir la figure humaine est là retracée en quelque traits hardiment jetés, et qui font ressortir, en les accentuant, autant de personnalités admirablement senties par l'artiste.

Mais cette puissance qu'Ingres possédait ne lui sert plus à rien et disparaît, au contraire, lorsqu'il s'essaye à ranimer des formes anciennes et à idéaliser des types selon une manière de sentir qui ne peut plus se reproduire. Et je trouve que c'est après avoir étudié avec soin l'œuvre d'Ingres, qu'on doit définitivement condamner l'école de tradition et d'imitation dont il était le champion, en reconnaissant que, dans les arts, rien n'est grand que ce qui est tiré à nouveau des profondeurs de l'âme humaine et rendu en même temps d'une manière neuve et originale, la forme et la conception imaginée devant toujours prendre naissance simultanément, parce qu'elles doivent exister en chaque circonstance l'une pour l'autre, sans pouvoir être séparées et sans avoir ni valeur, ni raison d'être une fois séparées.

A quel titre voudrait-on donc conserver pour le seul art du dessin, des principes qui n'ont jamais été admis pour les autres, ou qui ont été depuis longtemps abandonnés? Vous prétendez en peinture rester dans la voie ouverte, à une certaine époque, par des artistes qui ont approché le plus près de ce que vous concevez comme le type absolu du beau, mais pour la musique, de pareils artistes ont existé, qui ont produit des œuvres aussi parfaites que celles des plus grands peintres, et cependant qui a jamais pensé à conserver la manière d'hommes comme Mozart, Beethoven ou Rossini? On croyait encore, au dernier siècle, que l'on pouvait, à l'imitation d'Homère ou de Virgile, produire presque à volonté des poëmes épiques, ou de Corneille et de Racine, refaire des tragédies, mais qui admettrait aujourd'hui de pareilles prétentions, et qui voudrait lire maintenant la *Henriade* de Voltaire et les tragédies de Crébillon et de Ducis? Sans même sortir du domaine des arts plastiques et du dessin, de quel étonnement ne sommes-nous point remplis par les jugements portés sur Canova et sur David par les contemporains, tant les idées sur l'art se sont profondément modifiées !

Les efforts d'Ingres, dans toute une partie de son œuvre, sont absolument du même ordre que ceux de Canova, prétendant reproduire l'antique, que ceux de David dans la même voie (et Ingres est le dernier des élèves de David), que ceux de Voltaire s'essayant à écrire au dix-huitième siècle un poëme épique, que ceux des imitateurs de Corneille et de Racine s'efforçant de continuer la tragédie, alors que les circonstances et la manière de sentir qui l'avaient fait naître s'étaient complétement transformées.

Aussi chez Ingres, comme chez tous les hommes qui veulent ranimer des formes anciennes ou ressusciter d'antiques conceptions, la partie de l'œuvre ayant toute sa valeur est justement celle où se révèle l'originalité et l'individualité propres à l'artiste, et la forme et le style ne sont appelés à faire une impression durable, qu'autant que l'artiste aura su modifier ce qu'il tenait de la tradition, pour l'approprier à la nature des conceptions nouvelles et des émotions personnelles qu'il veut rendre. Voilà les enseignements qu'il me semble pouvoir tirer de l'œuvre d'Ingres, et quand on se dit que l'école dont il était le chef se meurt ou est morte, on ne saurait vraiment regretter de voir disparaître avec elle du domaine de la peinture des conceptions abandonnées sans retour, depuis longtemps, pour tous les autres arts et pour la poésie.

Si, pour s'expliquer complétement l'œuvre d'Ingres on voulait retracer, en le précisant, le caractère de l'homme lui-même, je crois qu'on pourrait dire : esprit ferme et énergique, mais manquant de souplesse et de variété, Ingres entré dans la vie au moment où certains principes dominaient dans les arts, s'en est profondément pénétré sans y plus rien changer dans la suite ; n'ayant point reçu en partage la puissante vision intérieure et l'émotion profonde qui créent dans l'âme du poète ou de l'artiste des types idéalisés, on ne trouve dans toute la partie de son œuvre où il a voulu suivre la voie des grands créateurs, qu'un monde froid et sans vie, et toutes les qualités qu'il possédait patiemment appliquées, ne servent alors qu'à faire ressortir l'avortement de l'œuvre et qu'à étaler l'impossibilité de son succès ; il n'accuse toute sa valeur que lorsque, en présence du modèle vivant, il reproduit librement ce qu'il voit et ce qu'il sent et, dans ce cas, on découvre en lui au plus haut degré la merveilleuse faculté de pouvoir fixer sur la toile, avec la forme tangible et l'aspect extérieur du modèle l'âme et le caractère qu'ils servent à révéler.

LES NATURALISTES

J'arrive maintenant à l'examen du groupe de peintres où réside l'originalité la plus vraie et la plus tranchée de l'Ecole française moderne, au groupe de peintres qui peignent la nature inanimée, le paysage, ou qui s'ils peignent les animaux et l'homme lui-même, ne les séparent point dans leurs tableaux du monde extérieur où ils sont placés, mais tout au contraire les lient intimement à lui, et reproduisent ainsi des scènes où les acteurs et le théâtre se complètent et s'expliquent l'un par l'autre.

Le spectacle de la nature fait naître chez certains hommes particulièrement doués, tout un ordre d'émotions et de sentiments. Pour ces hommes, la nature a comme une âme qui parle à la leur. Assis sur le bord des eaux, au pied de saules agités par le vent, ou sur une hauteur d'où l'œil plane sur un lointain horizon, ce ne sont point simplement de l'eau et des arbres ou une succession de collines et de vallons qu'ils entrevoient, c'est un monde qui les touche et les émeut, qui devient pour les uns, comme Corot, un motif d'idylles et de poëmes souriants, qui pour d'autres, comme Ruysdael, revêt au contraire un caractère plein de mélancolie et de tristesse. Eh bien ! l'artiste complet sera celui qui non-seulement saura fixer sur la toile l'image pittoresque des choses, mais encore l'émotion qui, à leur vue, sera née en lui, de manière à la rendre sensible pour les spectateurs, et à leur présenter à la fois unis sur la toile l'aspect extérieur de la nature et l'âme cachée en elle qu'il aura découverte.

Ainsi, ce qui fait la gloire de l'école paysagiste actuelle, c'est qu'elle ne s'est pas contentée de rendre le seul côté extérieur et pittoresque des choses, mais qu'elle s'est encore trouvée renfermer un certain nombre d'artistes qui, impressionnés d'une certaine façon par le spectacle qu'ils avaient sous les yeux, nous ont, avec une reproduction fidèle du spectacle, transmis et communiqué la note exacte de l'émotion qu'ils ressentaient. L'âme de l'artiste se trouve ainsi comme la corde d'une lyre qui, frappée d'une certaine manière, rendrait des sons communiquant une sensation particulière, seulement chez l'homme qui se sert du pinceau l'émotion vient se fixer dans un tableau, et y est ensuite retrouvée et ressentie par ceux qui le contemplent.

Le peintre d'un ordre supérieur est encore celui qui, en même temps qu'il parvient à fixer sur la toile une émotion personnelle, se trouve avoir pour la rendre un style original, un faire à lui et jusqu'à un coup de pinceau et une manière d'étendre la couleur qui lui soient propres et auxquels il recourt tout naturellement comme à des procédés qui, sa nature étant donnée, ne sauraient être autres qu'ils ne sont. Les maîtres qui composent le groupe des peintres naturalistes ont su satisfaire entièrement à toutes ces conditions d'originalité ; il y a eu avant eux plusieurs écoles de peinture qui ont renfermé de grands paysagistes, cependant ils ne sont allés se renseigner auprès d'aucun de leurs devanciers pour interpréter la nature, ce qui eut été le propre d'imitateurs, c'est devant la nature seule qu'ils ont peint, c'est la seule nature avec laquelle ils sont directement entrés en contact, et dont ils ont rendu les divers aspects en ne tenant compte que de leurs libres impressions et en se trouvant pour les rendre un style et des procédés leur appartenant en propre.

Je confonds ici à dessein, dans un même groupe, des artistes qui, à première vue, sembleraient cependant devoir être séparés, puisque les uns, paysagistes dans le sens exact du mot, ne fixent sur la toile qu'une image de la nature inanimée, tandis que les autres, comme Troyon, y mettent le monde animal et d'autres encore, comme Fromentin et Millet l'homme lui-même, mais il me paraît évident que quelques différences qui puissent dans les détails séparer ces deux groupes, et dans ces deux groupes les individus entre eux, tous les peintres qui les composent sont au fond dominés par une tendance et des principes communs, si bien que ceux même qui peignent l'homme et les animaux ne les peignent point entièrement pour eux-mêmes et absolument séparés de ce qui les entoure, mais tout au contraire comme attachés au sol et mariés au monde extérieur dont ils sont enveloppés.

Le groupe des peintres naturalistes est fort nombreux, et il serait difficile de passer en revue toutes les individualités qui le composent, pour examiner successivement la nature et le genre de leur talent; aussi ne ferons-nous un semblable travail que pour les principales. Au milieu de celles-là, nous distinguons tout d'abord Corot, qui, par l'expression qu'il donne à ses œuvres, accuse une profonde originalité.

Corot est un homme d'une nature essentiellement poétique, ou pour employer le mot plus spécialement applicable à un peintre, essentiellement artiste. Les regards qu'il a jetés sur la nature l'ont ému et, sous le coup de son émotion, il a pris le pinceau, non point tant pour reproduire ce qu'il voyait, que pour communiquer ce qu'il sentait. De là, le caractère particulier et tranché de son œuvre. L'œuvre de Corot est une idylle et, à sa vue, vous voyez se lever en vous tout un monde d'émotions gracieuses et souriantes. Le pinceau chargé de reproduire sur la toile le paysage qui transmet cette émotion, y fixe des masses de feuillage légères, le feuillage frémissant et aérien du saule et du bouleau, des eaux et des ciels nacrés et argentés, et cette coloration d'un vert tendre et cendré qui se retrouve dans les campagnes par les fraîches et humides matinées du printemps. Corot n'a bien vu dans la nature que le côté qui répondait à sa propre organisation, le côté tendre et printannier, l'idylle ; les couchers de soleil empourprés, les grands jeux de lumière dans les nuages, les puissantes colorations de l'été et de l'automne, le drame enfin lui ont donc naturellement échappé.

Lorsque Corot reproduit le spectacle qu'il voit dans toute sa vérité et qu'en même temps, il parvient à fixer sur la toile la sensation exacte qu'il a ressentie, il nous donne une de ces œuvres parfaites, comme il en a beaucoup peintes, qui font le désespoir des artistes et le ravissement des amateurs ; mais il est sans cesse sur le bord d'un écueil où il tend à se heurter. Le sentiment poétique qui existe en lui à l'aspect de la nature, devient quelquefois si intense que, pour mieux le transmettre, il fausse et dénature le spectacle vu, et l'objet représenté, cessant d'être vrai, perd par cela même la puissance qu'on voulait lui donner de communiquer une émotion. Ainsi, chez Corot, l'effort fait dans certains cas pour rendre un sentiment ou fixer une émotion se détruit-il lui-même; de là dans son œuvre ces créations confuses où rien n'est accusé et arrêté, ces masses de feuillage où ne circule plus ni l'air ni la lumière et où manque la légèreté; de là cette coloration noire ou d'un gris terne, employée pour rendre l'aspect sombre et puissant des choses où l'artiste échoue le plus souvent.

Il est vrai qu'on a beaucoup discuté la question de savoir jusqu'à quel point le peintre paysagiste pouvait modifier ce qu'il voyait et composer ses tableaux. Les hommes qui s'étaient fait l'écho pour le paysage des théories que les classiques défendaient pour la reproduction de la forme humaine, prétendaient que le peintre, en face de la nature, devait choisir ses formes et disposer ses scènes selon certains principes arrêtés et, comme les classiques ont toujours besoin d'un maître et de modèles à imiter, ils avaient fait du Poussin le paysagiste parfait, en croyant trouver dans son œuvre la raison d'être de leurs théories. Certes,

Corot est placé à l'opposé des classiques, et sa manière de voir et d'interpréter la nature est ce qu'il y a de plus différent de celle du Poussin, et cependant, devant son œuvre, la question peut se poser de nouveau de savoir jusqu'à quel point on peut idéaliser et modifier les formes que présente le paysage.

Il paraît si facile de répondre à une semblable question, qu'on a quelque peine à comprendre qu'elle ait jamais pu faire l'objet de discussions sérieuses. Le peintre est parfaitement libre de composer son paysage, de choisir ou de modifier des formes, de forcer telle nuance, d'adopter telle manière, mais seulement jusqu'au point où il cessera d'être vrai et de communiquer une impression fidèle du monde vivant. C'est seulement en étant vrai au fond, qu'un paysage peint pourra transmettre une émotion correspondante à celle que l'artiste aura ressentie en face de la nature, et les paysages du Poussin lui-même, de quelque manière qu'ils aient été peints et composés, rendent aussi exactement que possible l'aspect vrai des arbres, des ciels et des terres d'Italie, où l'artiste a travaillé. Probablement que sous le coup de l'impression qu'il veut rendre, ou même de parti pris, il arrive souvent à Corot ce qui arrivait à Poussin, de sacrifier telle partie ou d'en forcer une autre ; mais un peintre n'est point un photographe, et aussi longtemps qu'en face de ses tableaux, on retrouve une note correspondante à celle de la nature, peu importe que le paysage peint ait été plus ou moins composé, et ne se retrouve dans la campagne qu'avec quelques traits sensiblement différents de ceux qu'il a sur la toile. C'est donc seulement en cessant d'être vrai au fond que l'artiste cessera de rendre l'effet exact qui l'a frappé, et c'est ce qui arrive à Corot toutes les fois que, voulant trop idéaliser, il se perd dans des formes et dans un coloris qui n'ont nulle part d'équivalent dans la nature.

Si, dans le groupe des paysagistes actuels, Corot représente la grâce et la fraîcheur, Théodore

Rousseau est la personnification de la puissance, car il a surtout reproduit les grands aspects d'une nature âpre, inculte et solitaire. Aucun artiste n'a une gamme plus étendue que celle que parcourt Rousseau, aucun artiste ne varie plus souvent que lui le choix de ses sites, et n'est plus constamment à la recherche de spectacles nouveaux.

Le côté par où Rousseau excelle, et par où il a parcouru une voie presque entièrement nouvelle, est dans la manière dont il rend les grands jeux de la lumière. La plupart de ses œuvres, indépendamment du site qu'elles reproduisent, reproduisent encore un jeu particulier de lumière à un moment donné du jour ou des saisons. Ce n'est plus là le soleil comme dans l'œuvre de Claude, ni la lumière chaude et intense comme dans celle de Marilhat, ce sont les colorations diverses et excessivement variées, les nuances et les teintes tranchées que l'humidité de l'air, le coucher et le lever du soleil, le clair de lune, la nuit qui tombe ou l'aurore qui paraît, répandent sur les objets, sur le ciel, comme sur la terre et les eaux. Dans cette voie, Rousseau a parcouru toutes les gammes et remporté ses plus beaux triomphes. Pour lui, les arbres ne sont point simplement verts, les horizons simplement bleus, les nuages plus ou moins gris ou blanchâtres ; le paysage, à ses yeux, n'a presque point de couleur en lui-même, mais il se revêt successivement de toute la gamme de coloration que produisent les jeux de la lumière à certains moments, pour en teindre et en envelopper toutes les parties du monde visible.

Si c'est dans cette voie que Rousseau a remporté ses plus beaux triomphes, c'est aussi dans la même qu'il a essuyé ses défaites. Quelle que soit la puissance d'un artiste, les moyens bornés de la palette ne lui permettent de reproduire les différents aspects de la nature que dans des limites restreintes. L'artiste rencontre donc bien vite le point extrême qu'on ne saurait dépasser, où il lui devient impossible de triompher des obstacles matériels que l'imperfection de ses moyens met à la reproduction fidèle de certains aspects du monde extérieur. Qu'y aura-t-il par exemple de plus difficile, sinon de plus impossible à fixer sur la toile, que le soleil et les jeux de la lumière ; combien le peintre est impuissant à reproduire ces ciels empourprés, légèrement rosés ou violacés du soir et du matin et ces rayons dorés qui s'élancent au-dessus de l'horizon au coucher du soleil ; aussi quand Rousseau, en présence de ces grands spectacles, livre pour ainsi dire une bataille constante à la nature pour lui dérober ses plus saisissants effets de lumière, n'y a-t-il rien d'étonnant à ce qu'il soit quelquefois vaincu et à ce que, comme conséquence, on trouve de temps en temps dans son œuvre des horizons aux tons criards, des nuages sanguinolents, ou bien encore des arbres dont le feuillage perd toute apparence de végétation.

Les sites qu'affectionne tout particulièrement Rousseau, sont ceux où la campagne est complètement agreste et sauvage, les grands bois, les lisières de forêts, les bruyères parsemées de rochers ; aussi le sentiment qui domine par dessus tous les autres à l'aspect de ses toiles est-il celui de la solitude, de cette solitude et de ce vide que ressent l'homme lorsqu'en face de la nature, le spectacle qu'il a sous les yeux ne lui révèle aucune trace de son passage ou de sa présence. Comme conséquence, l'homme n'est jamais dans l'œuvre de Rousseau qu'un pygmée ou qu'une fourmi, et il n'y apparaît que comme un point destiné à donner la mesure des distances et à servir d'échelle. Rousseau s'est quelquefois complu, pour remplir ce dernier rôle, à se servir de bœufs ou de vaches, et il faut voir alors les singulières silhouettes et les formes disloquées qu'il applique sur la toile.

Évidemment il n'a jamais vu dans la nature que la partie inanimée, et les seuls êtres vivants qui lui aient parlé sont les arbres, le chêne entre tous. Je dis êtres vivants à dessein, car le rôle que jouent les chênes dans l'œuvre de Rousseau, la place qu'ils y occupent au premier plan, les élèvent à la dignité de véritables personnages et d'acteurs principaux. On peut dire de Rousseau qu'il connaît admirablement bien le chêne et son anatomie, qu'il en a étudié à fond le tronc, la manière dont les rameaux s'en détachent, dont ceux-ci eux-mêmes s'étalent et dessinent leur silhouette sur le ciel ou l'horizon, aussi le chêne joue-t-il dans son œuvre un rôle capital, qui achève de lui donner un cachet particulier et qui en forme le dernier trait caractéristique.

Avec Corot et Rousseau, celui de nos paysagistes que l'on mettra unanimement au premier rang est Daubigny, et selon sa manière de sentir, chaque personne pourra facilement donner le choix à l'un ou à l'autre de ces trois maîtres. Daubigny est aussi original, dans son faire et le choix de ses sites, que Corot ou que Rousseau ; il est moins idéaliste et moins rêveur que Corot, mais il ne s'écarte point non plus comme lui de l'aspect vrai des choses ; il est moins fougueux, moins chercheur et moins varié que Rousseau, mais il a également les avantages de ce semblant d'infériorité, en ne tombant jamais comme lui dans des compositions d'une coloration fausse ou exagérée et en ne manquant jamais d'air et de profondeur, comme il arrive encore à Rousseau lorsqu'il entre dans la voie des tentatives impossibles.

Daubigny s'est établi pour peindre sur le bord de nos rivières, et il a reproduit sur ses toiles, comme en un fidèle miroir, le calme des belles matinées de l'été et du printemps. Les masses d'arbres se détachant sur le ciel ou s'enfonçant dans l'horizon, le vert foncé des prairies, l'aspect souriant des pommiers en fleur, l'admirable transparence des eaux dormantes ou au cours paisible, reflétant la végétation étalée sur leurs bords, nous ont donné dans son œuvre la note exacte des sensations que fait naître l'aspect souriant de nos campagnes.

Quand Daubigny veut peindre des ciels tourmentés et de grands nuages aux puissants contours, il perd le plus souvent une partie de sa valeur, en perdant cette admirable profondeur du ciel et cette puissance de perspective qu'ont toutes celles de ses toiles, où un ciel sans nuages permet aux premiers plans de ressortir d'avantage par le contraste; de même quand l'eau manque dans les sites qu'il choisit, ses œuvres perdent aussitôt une partie de leur charme et de leur agrément. Mais s'il se rencontre une de ces toiles où Daubigny peigne un ciel profond et des eaux limpides, vous avez un tableau qui, en quelques pieds carrés, vous permet, au milieu de la vie artificielle et murée des villes, de retrouver la nature et de jouir alors, comme en sa présence, de la sensation délicieuse de calme et de fraîcheur que son aspect fait naître.

Je viens de passer en revue ceux des peintres naturalistes qui, dans le domaine du paysage proprement dit, ont accusé l'originalité et la puissance les plus grandes, et j'arrive maintenant à ceux qui ont fait entrer l'homme et les animaux dans le cadre de la nature inanimée.

En tête de ces derniers, il convient de placer

J.-F. Millet. Le rang donné ici à Millet eut peut être étonné, il y a quelque temps, mais le chemin que son œuvre a fait dernièrement dans l'estime publique et la manière dont on a tout-à-coup ouvert les yeux sur un mérite qu'on s'était commé refusé à voir, feront, je l'espère, que peu de personnes se trouveront surprises de voir Millet placé au premier rang des maîtres de l'école moderne. C'est le propre des œuvres complètement originales de rester longtemps méconnues sans attirer les regards, ou bien si elles les attirent de ne trouver tout d'abord que des spectateurs incapables d'apprécier, ce qui étant entièrement nouveau, ne permet de trouver aucun point de comparaison pour asseoir et fixer un jugement. Il faut bien le reconnaître, dans les arts du dessin, le public sera toujours naturellement porté à admirer les conceptions banales et les productions des écoles ou des genres déjà acceptés depuis longtemps par lui. Les artistes qui verront la nature ou l'homme sous un jour entièrement nouveau, devront lutter longtemps contre le dédain ou les préjugés et accoutumer, par la simple habitude, les yeux du public à leurs œuvres avant d'être enfin compris et mis à leur véritable place. C'est là ce qui est arrivé de tout temps à beaucoup de grands peintres, autrefois à Cuyp et à Hobbema, de nos jours à ceux qui se sont montrés les plus originaux, à Delacroix, à Rousseau, à Corot, et enfin à Millet.

Pendant que tant de peintres, croyant épuisés les sujets que pouvait leur fournir leur pays, s'en allaient en Asie ou en Afrique parcourir les déserts et se mêler aux peuples les plus divers, que d'autres, sans changer de patrie, changeaient de temps et habillaient leurs personnages de justes-au-corps et de pourpoints, Millet reproduisait tout simplement le monde de nos campagnes avec les paysans qui les cultivent et les troupeaux qui les parcourent. C'est sur des tapis de gazon, à l'ombre des saules pleurant sur les eaux, sous les grands arbres touffus de la forêt, qu'on nous a habitués à chercher et à trouver la poésie, mais Millet a tourné le dos au peuple riant des nymphes et des sylvains, c'est l'homme vulgaire et grossier, le paysan attaché à la terre, au sol plat et sans relief des champs cultivés, qui est devenu pour lui la source d'émotions et de sentiments poétiques. Aussi bien, voilà de l'art puissant ne relevant, ni de la tradition, ni de souvenirs, mais puisant tout en lui-même et nous donnant, d'une manière éminemment originale, une vue complète sur tout un côté de l'homme et de la nature. Voyez, en effet, comme cette œuvre réalise au plus haut point le but essentiel de l'art, qui est de reproduire en l'accentuant le caractère intime des choses, la vision à l'intérieur du monde extérieur que l'artiste aura mieux vu et mieux senti que les autres hommes, organisé qu'il est pour cela d'une façon spéciale et doué de facultés particulières.

Millet a admirablement bien compris et, dans son œuvre, admirablement exprimé le mariage du paysan et de la nature, l'intime union de la terre et de l'homme qui la cultive, cette union qui les a si bien faits à l'image l'un de l'autre et l'un pour l'autre que ce n'est que réunis, comme ils le sont ici, qu'ils s'expliquent et qu'ils accusent leur entier caractère. Nous retrouvons enfin dans Millet la véritable vie des champs, non plus cette vie poétisée d'une manière conventionnelle par des artistes qui ont peint une nature de parti pris arrangée pour nous être agréable et ornée à dessein pour flatter nos yeux, mais cette vie réelle de pénibles labeurs et de travaux incessants et prolongés ; l'homme qui la mène soumis à toutes les intempéries des saisons, supportant tour à tour le froid et le chaud, mal vêtu, mal nourri, son corps sans cesse courbé vers le sol, s'allourdissant, se déformant, contractant ces allures lentes et gauches qui ne permettent plus de changer certaines attitudes devenues des inflexions forcées ; son esprit se façonnant de la même manière, contractant cette lenteur et cette taciturnité qui le font, pour ainsi dire, passer à l'état de repos perpétuel et d'inconscience. Et le mouton, comme il nous est présenté par Millet! Non plus un être de convention peint pour l'effet pittoresque, mais la bête réelle admirablement observée et rendue avec tout son caractère intime et ses instincts, c'est-à-dire un animal lourd et stupide qui marche machinalement serré en troupeau pour n'avoir point à trouver son chemin, prêt à aller n'importe où, même à se jeter à la mer comme ceux de Dindenaud, par pure imbécillité et impuissance à se conduire.

Dans chaque œuvre de Millet, vous trouvez en raccourci tout un monde. Dans sa *Bergère avec un troupeau,* vous avez pour scène un champ uni et vide où la main de l'homme n'a laissé subsister ni un arbre ni un buisson ; la terre nue et dépouillée ne porte plus que quelques pailles coupées près du sol ou les mauvaises herbes que la faucille a épargnées ; le troupeau se compose de ces moutons sales et tondus, bêtes de produit et de boucherie destinés à une mort prochaine ; la bergère est une pauvre fille grossièrement vêtue, faite pour ces champs et pour ce troupeau, alourdie de corps et d'esprit par un pénible et incessant labeur. Voilà le monde essentiellement réel qu'a reproduit l'artiste, mais ce monde qui l'a profondément ému devient, par cela même, sur la toile essentiellement poétique, et aucun tableau de l'Exposition universelle ne renferme à un pareil degré autant de poésie. C'est que la poésie est en nous, qu'elle est dans le poète, qu'elle ne réside pas plus dans un ordre de choses que dans l'autre, mais dans tous également, selon que le poète ou l'artiste, venant à s'en saisir et à en être émus, les reproduit idéalisés et marqués au cachet de sa propre imagination.

La puissance créatrice du poète ou de l'artiste devra donc s'affirmer au plus haut degré lorsqu'il verra naître en lui une vision idéalisée des choses et qu'il trouvera une forme de même ordre qu'elle où il saura la faire passer pour lui donner un corps et la rendre sensible. L'artiste se trouve alors tout créer du même coup, car il tire en même temps de lui-même un type idéal et un type réel. La *Mort et le Bûcheron* de Millet nous offre une création de ce genre, et par conséquent une œuvre essentiellement caractéristique. Regardez ce bûcheron qui, ayant senti l'étreinte d'une main irrésistible, se pelotonne et se replie sur lui-même pour lui échapper, et qui, d'un dernier effort, se cramponne à son fagot. Dans ce corps amaigri, déformé, épuisé par le travail et la souffrance, on voit se faire un suprême effort pour résister à la mort qui s'approche, l'effort instinctif de l'animal essayant de se soustraire à la destruction. Jamais l'aspect d'une vie toute entière misérable n'a été mieux rendu, en même temps que le sentiment de terreur qui s'empare de l'homme en face de la mort et de l'inconnu qui l'accompagne. Il y a là tout un drame profondément humain qui résume admirablement bien la conception mélancolique que l'artiste s'est faite de la vie, et qu'il est ensuite parvenu à rendre sensible, avec une puissance qui en fait un des premiers parmi les peintres vivants.

J'ai déjà dit que, dans l'œuvre des maîtres, la forme pour rendre l'expression devait naître et se créer en même temps que celle-ci, la forme ne pouvant que dans ce seul cas communiquer l'expression avec une entière exactitude, puisque ce n'est qu'alors qu'elle est le souffle même de l'artiste et sa vision faits corps, qui sont passés sur la toile tels identiquement qu'ils étaient en lui. Dans l'œuvre de Millet, la forme possède au plus haut degré cette qualité. A première vue, avant d'avoir pénétré cette peinture si originale, les contours en paraissaient lourds, le coloris généralement terne, le faire et la touche elles-mêmes grossiers et sans légèreté, mais bientôt vous sentez que ces contours reproduisent admirablement bien la lenteur de mouvement et la lourdeur de corps du paysan, que ce faire rend exactement l'épaisseur des étoffes dont il se vêt, que cet aspect terne des campagnes est bien celui des champs cultivés dépouillés de la moisson et vus pendant les mélancoliques journées de l'automne ou de l'hiver. Plus vous regardez ces toiles, plus vous y découvrez la nature pénétrée du propre sentiment de l'artiste, et plus vous vous rendez compte alors que le faire et les procédés de dessin et d'application de la couleur sur la toile, ont tous leur raison d'être chez les maîtres et sont comme forcément ce qu'ils sont pour pouvoir rendre avec justesse leur exacte vision.

C'est que rien dans l'art n'est purement volontaire, mais que tout s'enchaîne au contraire et a sa raison d'être, qui découle de la conception mère de l'artiste et de la manière dont il voit et comprend la nature. Quand vous découvrez dans les toiles de Millet tant de sentiment et de poésie, et que, voulant vous rendre un compte exact des moyens employés par l'artiste pour atteindre ces résultats, vous étudiez son œuvre attentivement et en la considérant dans ses détails, vous êtes étonné de la manière presque accessoire dont le visage humain y est traité. Sous le coup de vieilles habitudes et de souvenirs qui vous font voir partout dans les arts le visage humain reproduit au premier plan et sollicitant spécialement l'attention, vous êtes tout d'abord surpris, dans Millet, de ne le trouver retracé que fort grossièrement, sans que les traits soient autrement qu'indiqués, et sans que l'artiste ait cherché à concentrer sur eux l'attention et le regard. C'est que Millet est ce que j'ai appelé un peintre naturaliste, que l'homme sur ses toiles n'existe pas pour lui-même et s'expliquant tout seul, mais que lorsqu'il l'a vu, il a entrevu du même coup le monde extérieur dont pour lui l'homme est enveloppé. La vision de l'artiste est donc celle d'un monde où le ciel, les champs, l'homme et les animaux forment un ensemble inséparable et un tout indivisible, et, dans son imagination, tout est si bien pénétré du même souffle, vivant de la même vie, que dans la reproduction qu'il fait de la nature, chaque partie et chaque objet concourrent pour leur part à rendre l'impression, la figure humaine en même temps que les autres, mais non plus exclusivement, comme chez les peintres qui, n'ayant vu que l'homme dans la nature, font de la reproduction de sa figure et de l'expression qu'elle peut rendre le couronnement de leurs efforts, traitant le reste en accessoire et en partie sacrifiée. Et il faut, pour conclure, que j'emploie un mot qui se présente depuis longtemps sous ma plume et qui peut seul exactement caractériser la peinture de Millet, en disant qu'elle découle d'un sentiment panthéiste et que tout y est dans tout.

Un certain nombre de toiles de Troyon à l'Exposition universelle, quoique peu importantes, nous permettent cependant d'étudier la physionomie de ce maître sans sortir du cadre de notre travail; aussi bien l'absence de cette figure rendrait-elle absolument incomplet le cycle des peintres naturalistes, en le privant d'une de ses gloires principales.

Troyon s'est fait le peintre des animaux domestiques placés dans le paysage où ils vivent, c'est-à-dire au milieu des champs en labour et des gras pâturages. Les animaux de Troyon sont donc ceux qui ont été façonnés par l'homme, assouplis au travail et faits pour la servitude, aussi trouve-t-on dans son œuvre la plupart des bêtes qui peuplent nos étables et nos basses-cours, et jusqu'à des poules, et à des oies se rendant barboter avec ce sot air d'importance qu'on leur connaît. Les bœufs et les vaches sont cependant les êtres que Troyon a peint de préférence. Personne n'a mieux que lui saisi leur caractère intime et n'a mieux rendu leur pas lent et régulier, leur air de douceur et de calme, leur soumission qui fait qu'ils se plient tranquillement au joug et se laissent conduire sans résistance par un enfant. C'est dans ce cercle que Troyon s'est montré tout-à-fait supérieur, car quoiqu'il ait quelquefois abordé le paysage proprement dit, ce n'est point là le genre où il excelle, et ses paysages ne prennent toute leur valeur que lorsqu'ils servent à disposer la scène où viendra se placer le monde animal.

Au point de vue du métier et de l'exécution, on ne saurait trop estimer les œuvres de Troyon. On ne saurait trop vanter ce faire large et hardi, cette touche franche et vigoureuse qui rendent dans toute leur rusticité les différents aspects de la nature agreste, les champs en labour, les ormeaux qui les bordent, les mares où s'abreuvent le troupeau, et la luxuriante végétation qui tapisse une terre richement engraissée. Voyez dans ces deux tableaux du Luxembourg qui ont chacun dix pieds carrés, cette profondeur, cet air, ces animaux qui sortent de la toile et qui, peints en raccourci, présentaient, pour être reproduits par l'artiste, une foule de difficultés dont il a triomphé comme en se jouant. Quand on veut bien juger du mérite d'un maître, il faut le comparer à ses rivaux et à ses émules, et si, agissant ainsi, vous rapprochez les œuvres de Troyon de celles de tous les peintres qui, comme lui, ont peint des bœufs et des moutons, vous reconnaîtrez bien vite à quelle immense distance elles les laissent toutes en arrière.

Les peintres naturalistes que nous avons jusqu'ici passés en revue, ont pris pour sujet de leurs études le monde au milieu duquel ils étaient nés, mais avec Fromentin, nous nous trouvons en société du peintre doublé du voyageur, qui a traversé les mers pour s'enfoncer dans des régions qui, sans lui, nous seraient demeurées inconnues. Nous entrons à la suite de Fromentin dans le désert algérien, ou plutôt nous nous tenons sur la limite du désert, au point où la végétation n'a pas encore cessé mais où elle n'est plus qu'intermittente, couvrant la terre de son tapis seulement une partie de l'année, et nous nous mêlons aux Arabes nomades qui passent leur vie à cheval, errants dans le vide pour paître leurs troupeaux. L'Arabe et le cheval sont donc, dans l'œuvre de Fromentin, les personnages principaux de scènes auxquelles les plaines algériennes et les oasis qui les bordent, forment un cadre et servent de décors.

Fromentin est par essence un dilettante, un homme d'une nature délicate et distinguée, presque féminine, amoureux des nuances et de tous leurs raffinements, portant curieusement ses regards, pour s'y arrêter, sur l'infinie variété de coloration que revêtent les objets, mais saisissant surtout les teintes et les reflets délicats, les effets de coloris qui caressent agréablement les yeux, si bien que le côté sombre ou terrible des choses, les grandes passions chez les hommes, les grands aspects ou les grandes tourmentes de la nature dans le paysage, lui échappent ou qu'il se trouve impuissant à les rendre lorsqu'il s'y essaie. Il existe, du reste, peu de toiles de Fromentin où l'artiste ait cherché à rendre les grands effets de lumière et le sombre côté du désert, c'est surtout le désert au printemps qu'il peint, alors que le sol encore humide est couvert d'une verdure aux teintes et aux reflets délicats; mais ces terribles solitudes transformées en fournaise par un soleil dévorant, objet d'épouvante pour le voyageur, ces plaines de sables sans fin, ces rochers dénudés, ces grands effets d'obscurité et d'anéantissement du monde vivant lorsque les sables soulevés par des vents irrésistibles viennent à se lever en longs sillons et à balayer les plaines en couvrant la face du ciel et en voilant le soleil, on ne les trouve point dans son œuvre, ou s'il a voulu les reproduire, comme dans sa *Lisière d'oasis pendant le sirocco*, l'effet en partie manqué et l'absence de puissance viennent aussitôt révéler qu'il est sorti de son véritable terrain.

Ce que Fromentin a le mieux vu dans le paysage

et les acteurs qu'il reproduit, est le côté tendre et délicat qui répond à sa propre manière d'être et de sentir. Sous ce rapport, le monde où il s'est placé est admirablement fait, par tout un côté, pour être fidèlement saisi par lui. On ne saurait comprendre Fromentin avec sa nature de raffiné et d'exquise élégance, s'essayant à peindre des paysans et voulant fixer sur la toile l'aspect rustique des champs et des troupeaux; mais dans une autre voie, il a fort bien choisi son domaine en se plaçant dans le milieu arabe, où l'homme et le cheval, avec un fond d'énergie peu commune et de passions ardentes, conservent cependant un cachet de suprême élégance et de distinction qui, admirablement bien saisi par lui comme sympathique à sa nature, sert excellemment à faire ressortir ses qualités et à montrer le genre de son talent.

Voilà bien chez Fromentin, dans toute son élégance, ce cheval arabe si svelte et si gracieux, tantôt lancé à fond de train, déployant toute sa vitesse, se cabrant sous le mors et la bouche écumante, cédant en résistant à la main qui le guide, tantôt, au contraire, attaché par le pied auprès des tentes, l'œil doux et velouté, tellement immobile qu'on le dirait épuisé, si l'on ne savait qu'à la voix de son maître il va bientôt relever la tête, que son œil reluira et qu'il franchira alors vingt lieues sans s'arrêter ; et l'arabe ! comme Fromentin a bien rendu tout un côté de sa nature, non point celui des passions terribles et ardentes se peignant sur un visage contracté ou mettant en mouvement les muscles d'un corps d'acier, mais celui de l'élégance et de la dignité particulières à cette race, que l'on retrouve au suprême degré chez les hommes de grande tente et, même encore, dans une certaine mesure, jusque dans le dernier des bédouins qui écument le désert ou des fellahs qui cultivent le sol.

Et remarquez encore comme le faire et les procédés employés par l'artiste lui sont particuliers et lui appartiennent en propre, précisément pour reproduire sur la toile avec justesse les effets qu'il recherche! Regardez de très-près un tableau de

Fromentin, et vous y constaterez l'absence de forts empâtements et d'épaisses plaques de couleur, en même temps que vous y découvrirez les coups multipliés d'un pinceau léger et délicat ; vous verrez alors comment l'artiste curieux des moindres nuances et des plus singuliers effets de coloration, parvient à se les approprier et à les rendre, par le mélange et la juxtaposition des teintes, les plus tranchées et les plus imprévues que puisse lui fournir la palette. Chez Fromentin nous avons donc encore ce que nous retrouvons forcément chez tous les maîtres, une forme originale pour rendre des conceptions originales, et la forme et les conceptions absolument de même nature, c'est-à-dire chez lui délicates et pleines de raffinements.

Avec Fromentin, nous avons épuisé la liste des peintres naturalistes que tout le monde s'accorderait à mettre au rang des maîtres, c'est-à-dire de ceux qui, doués de facultés bien équilibrées, ont trouvé, pour rendre leurs conceptions et leurs émotions, une forme de même valeur qu'elles, les communiquant dans toute leur puissance et leur pureté. Je n'ai point l'intention de faire pour les artistes qui ne viennent qu'en seconde ligne le même travail d'analyse détaillée que je viens de faire pour ceux-ci. On trouverait encore des peintres d'un grand talent et d'une véritable originalité, mais que des défauts saillants, un manque de puissance pour voir ou pour sentir, ou des imperfections dans la manière de rendre ce qu'ils ont vu et senti, tiennent dans une position relativement inférieure à celle des maîtres.

Dans cette catégorie, on rencontre Jules Dupré, qu'un coloris à teintes et à reflets bleuâtres uniformes, une touche lourde et des empâtements excessivement épais et sans transparence, privent d'une partie de ses moyens et empêchent trop souvent de reproduire ce qu'il voit avec justesse ; Mlle Rosa Bonheur, douée d'un véritable sentiment de la nature, mais qu'un faire féminin, sec et sans parties saillantes tient loin de Troyon pour la saveur et l'énergie avec lesquelles celui-ci rend l'aspect rustique des champs et des troupeaux ; Jules Breton qui, dessinant et peignant des paysans sans avoir pu se débarrasser entièrement de ses souvenirs d'atelier, peint des paysans en partie de convention, et non point les êtres puissants de vérité qu'a si bien saisis Millet et qui, à ce défaut, joint encore celui de n'avoir jamais pu débarrasser ses personnages de cet air de pose et d'attitudes cherchées, qui est l'écueil de presque tous les peintres qui veulent reproduire leurs impressions en les faisant passer par la forme que leur donne leurs souvenirs ; Français, qui s'est plusieurs fois essayé à idéaliser la nature, sans qu'un faire sec et un coloris généralement terne lui aient permis d'atteindre complétement aux grands effets qu'il recherche ; Jacque, qui excelle à peindre le petit peuple des gallinacées et les moutons, qui, cependant, ne nous présente le plus souvent dans le paysage où il les place qu'une végétation froide et des ciels manquant de transparence ; Ziem qui, dans un certain nombre de belles toiles, a fidèlement reproduit l'aspect enchanteur des mers méridionales se teignant, sous les rayons d'un magnifique soleil, de reflets diaprés mélange d'azur et d'or, mais qui ne peint plus guère depuis longtemps que des eaux et des ciels de convention, en juxtaposant rapidement sur la toile des tons criards et tranchés qu'il ne se donne nul souci d'harmoniser ou de fondre.

Je ne saurais passer ainsi en revue, même rapidement, tous les peintres de talent qui composent le groupe des naturalistes. Leur nombre est trop considérable, et parmi eux il y a encore trop de nouveaux venus pour qu'on puisse tous les classer et les caractériser définitivement. Il me suffira de dire, pour conclure, que c'est dans la reproduction de la nature, ou de l'homme et des animaux mariés à la nature, que les peintres vivants ont accusé le plus d'originalité et montré le plus de puissance. Ce n'est que dans cette voie qu'on a vu surgir un nombre relativement considérable de vrais maîtres ; ce n'est encore que dans cette voie qu'on trouve en sous-ordre une légion de peintres de talent qui ont donné, dans la mesure de leurs forces, leur interprétation de la nature, et, chose inévitable, si chez beaucoup des artistes qui ne viennent qu'au second rang on découvre les traces de l'inspiration et des procédés des maîtres, on n'y trouve point du moins ce parti pris d'imitation servile qui s'étale ouvertement, comme nous le verrons bientôt, dans l'œuvre de presque tous les peintres de genre du second ordre.

LES PEINTRES DE GENRE

La peinture de genre, dans notre école moderne, est loin d'avoir donné ce qu'il semble qu'on était en droit d'attendre d'elle et ce qu'elle a donné dans certaines écoles. Il ne paraît pas cependant que ce soient les conditions favorables qui lui aient manqué. De tous côtés on entend faire la remarque que la grande peinture se meurt, et on eût pu croire que la peinture de genre, qui se contente de la reproduction de scènes familières, eût dû être la première à profiter de cet état de choses. Quoi qu'il en soit, elle compte beaucoup moins de peintres originaux que le groupe des naturalistes n'en renferme, soit précisément que, par un secret attrait, presque tous les artistes de talent se soient sentis attirés vers les spectacles de la nature, soit par toute autre cause, qu'il ne saurait entrer dans nos intentions de rechercher ici. Aussi, à la seule exception de Meissonier, ne trouvons-nous personne dans notre école moderne qui puisse soutenir la comparaison avec les petits maîtres hollandais, qui ont reproduit si fidèlement le caractère intime du monde où ils vivaient.

On pourrait presque dire que Meissonier a été véritablement goûté du public et des amateurs avant de l'être par les artistes et les critiques. Cette fois-ci c'est le public qui s'est trouvé avoir raison, car Meissonier est allé, dans son genre, aussi loin que possible, en créant un petit monde doué de presque toutes les qualités dont on eût pu le revêtir en imagination.

On a basé un des principaux reproches que l'on adresse à Meissonier sur la petitesse de ses personnages et sur l'exiguité de la scène où il les fait mouvoir. Mais c'est là un reproche mal fondé, car ce n'est point simplement de parti pris que l'artiste peint de toutes petites figures, mais bien parce que sa nature étant donnée, ces petites figures se sont trouvées être le moule dans lequel ses conceptions venaient se manifester à leur plus haut point de perfection. Il existe un lien mystérieux et forcé entre les conceptions d'un artiste et les dimensions de l'enveloppe qu'elles doivent revêtir pour se produire dans toute leur valeur. Pourquoi La Fontaine a-t-il fixé ses créations poétiques dans le volume exigu de la fable, et Béranger dans de courtes chansons? Personne ne saurait le dire, et cependant tout le monde comprend que la fable pour La Fontaine et la chanson pour Béranger étaient les seules formes et les seuls moules qui convinssent exactement à la nature de leur génie. Pourquoi encore Bida n'acquiert-il toute sa valeur que dans ses dessins au crayon noir et Jacque dans ses eaux-fortes? Sinon que le crayon noir pour l'un et l'eau-forte pour l'autre étant les seuls procédés qui aient un lien secret avec leur manière de sentir sont, par cela même, les seuls qu'ils aient été tout naturellement conduits à s'approprier. Il en est certainement de même pour Meissonier. Meissonier n'a obéi qu'à son instinct en peignant de petites figures, et il les a adoptées une fois pour toutes parce qu'elles se sont trouvées lui fournir les seules formes complétement en rapport avec sa manière naturelle de se produire au dehors.

Un des reproches que l'on fait encore à Meissonier est de n'avoir point vu les hommes de son temps, en affublant ses personnages de costumes bariolés qu'on ne porte plus. Quoique, dans quelques-uns de ses tableaux et quelques portraits, il ait reproduit des costumes modernes, que, dans beaucoup d'autres, les costumes de ses personnages soient encore assez voisins des nôtres pour n'avoir absolument rien d'étrange, on ne peut nier cependant que, dans le plus grand nombre de ses scènes, il ne peigne des gens affublés de casques et de pourpoints qui, par leur étrangeté, doivent faire perdre beaucoup de son naturel au jeu des acteurs. Aussi ai-je, à part moi, bien souvent regretté de ne point disposer des flots d'or de certains amateurs pour demander à l'artiste des scènes empruntées à notre milieu qui conviendraient à la nature de son talent, et où il trouverait encore des costumes suffisamment pittoresques pour tenter son pinceau.

Le tort le plus grand que Meissonier ait eu en habillant ses personnages de costumes qu'on ne porte plus, c'est qu'il a donné lieu de prétendre que le monde qu'il peignait, n'appartenant point à celui dans lequel il vivait, n'était qu'un monde de fantaisie et de convention. Rien n'est moins vrai cependant, car les petits hommes de Meissonier, de quelque costume qu'ils soient revêtus, ont tous le même air de famille accusé sur les traits ; et la physionomie qu'on leur retrouve, est un composé des côtés du caractère des hommes de son temps et de son pays que sa propre nature a permis à l'artiste de saisir, pour se les approprier. Les petits hommes de Meissonier sont on ne peut plus vrais et vivants ; ce sont ceux du peuple au milieu duquel il vit ; de corps et d'esprit, ils sont donc essentiellement Français et même Parisiens. Ils sont secs et nerveux pour le physique, et au moral fins, goailleurs et spirituels ; spirituels au point que, dans l'œuvre de Meissonier, l'esprit dans le dessin, dans la touche et sur les visages, domine presque exclusivement et résume toutes les autres qualités du peintre.

Ainsi, vous retrouvez en passant en revue les toiles de Meissonier toutes les formes diverses que l'esprit peut revêtir pour se peindre sur des figures. Dans la *Lecture chez Diderot,* c'est le fin et caustique sourire, la délicatesse de perception d'auteurs et de connaisseurs ayant la primeur d'une œuvre littéraire. Dans ses *Scènes de buveurs et de soldats joueurs,* l'air goailleur, le sarcasme, les gestes d'ironie que prennent volontiers les joueurs heureux. Dans ses *Cavaliers se faisant servir à boire* de l'Exposition universelle, et son

Coup de l'étrier des Champs-Élysées, c'est encore l'esprit qui s'accuse dans la pose et sur les traits. Aussitôt arrêtés à la porte de l'auberge, ses cavaliers ont commencé avec la servante un échange de propos lestes et égrillards, et on voit encore errer sur leurs visages le reflet du rire que la dernière saillie y a fait courir. De même dans son portrait de Mme *H. T****, c'est toujours l'esprit qu'on surprend sur la physionomie, la finesse et le sourire d'une intelligence délicate et déliée.

J'ai déjà dit, à propos de Millet, que le caractère des conceptions d'un artiste s'affirmait définitivement dans les types créés ou imaginés à nouveau par lui. Il existe précisément dans l'œuvre de Meissonier un type de ce genre auquel l'artiste est revenu plusieurs fois. Je veux parler de son *Polichinelle*. Qu'est-ce que Polichinelle ? C'est une création de l'imagination populaire née, dans des conditions particulières, pour personnifier certains côtés tranchés d'un caractère humain ou national et les accuser dans toute leur puissance, en leur faisant prendre une forme accentuée.

Voici Meissonier qui, instinctivement porté vers ce type populaire, s'en empare à son tour et qui fixe sur la toile la physionomie du Polichinelle qu'il a imaginé à nouveau. Eh bien ! quelle espèce d'âme et quels côtés du caractère humain a-t-il su donner à son personnage? L'esprit, le sarcasme, le contentement et l'admiration de soi que produit la fatuité chez un roué sûr de sa force et sachant ce qu'il vaut. Le voilà bien ce Polichinelle de Meissonier! railleur et aimant le sarcasme par dessus tout, aussi conservant jusque dans ses plus grands excès un certain raffinement et une possession de soi qui le feront boire, faire ses tours et narguer le prochain, en homme d'esprit et en esprit fort, et non point en rustique et en lourdaud.

Ce type de Polichinelle, le seul que Meissonier ait inventé dans son œuvre, donne la mesure exacte des côtés du caractère humain qu'il peut s'approprier pour les rendre. Le côté tendre, tout ce qui se rattache aux sentiments et aux passions du cœur lui demeure donc inconnu et fermé, aussi la femme paraît-elle peu dans son œuvre et seulement au second plan. Les petits hommes de Meissonier vivent exclusivement par l'esprit, et de ce côté sont aussi bien doués que possible; mais il n'y a pas la moindre apparence, dans tout ce qu'ils nous laissent voir d'eux, qu'ils aient jamais ressenti d'autres émotions et d'autres passions que celles qui s'engendrent dans la cervelle humaine. Vous avez vu Bida dans une série de dessins aussi petits que les cadres généralement adoptés par Meissonier, fixer sur le papier, en quelques coups de crayon, tout le monde des créations amoureuses et poétiques d'Alfred de Musset, mais vous n'avez jamais rien découvert de ce genre dans l'œuvre de Meissonier, et je crois que ce n'est point par parti pris, mais par tempérament et par impuissance à rendre ce côté de l'âme humaine que le peintre évite avec soin de tels sujets. Malgré cette lacune, ou peut-être précisément à cause d'elle, Meissonier sera l'artiste qui aura le mieux saisi et le mieux rendu toute une partie du caractère des hommes de son pays, de gens à l'esprit excessivement fin, souple et délié, mais aussi excessivement sec et positif.

M. Gérôme est le seul peintre de genre que tout le monde s'accorderait à nommer immédiatement après Meissonier, et cependant de l'un à l'autre la chute est grande. Meissonier revêt d'une forme originale tout un peuple de sa création, on ne comprendrait donc point qu'il pût peindre d'une manière autre qu'il ne fait, car son genre et son style ne sont point simplement affaire de choix mais bien une conséquence presque forcée des aptitudes natives et des facultés dont il est doué. Chez M. Gérôme il n'en est plus ainsi que dans d'étroites limites, la nature de l'artiste étant chez lui relativement peu développée. Quand M. Gérôme a voulu peindre, il ne s'est pas trouvé avoir une manière qu'il ait tout naturellement adoptée comme ne pouvant en suivre d'autre ; il n'a pas non plus découvert en lui un monde de formes et d'images qu'il ait instinctivement éprouvé le besoin de fixer sur la toile. Il a donc péniblement cherché sa voie ; il a appelé à son secours ses lectures et a reproduit des scènes tirées de l'histoire ancienne ; il s'est fait antiquaire et érudit; il a voyagé et peint les hommes aux costumes pittoresques qu'il a trouvés en Orient; consultant certains goûts et certains appétits du public, il s'est empressé d'y satisfaire en peignant des femmes nues dans presque toutes les attitudes possibles ; la nature lui ayant refusé le don précieux qu'elle n'accorde qu'aux seuls grands artistes de se créer une touche et un faire qui leur soient propres, il a adopté une manière de peindre patiente, laborieuse et léchée, qui lui a permis d'aller aussi loin qu'il est possible dans une semblable voie, pour remplacer les qualités natives d'originalité qui font défaut.

M. Gérôme, à l'aide d'un travail soutenu, d'un esprit sans cesse en éveil et à la recherche du nouveau, grâce surtout au soin qu'il a mis à plaire au public, est donc arrivé à la popularité et au succès. Mais que vaut réellement ce succès au seul point de vue de l'art? Que M. Gérôme, pour la reproduire, étudie l'antiquité dans ses moindres détails, rien de mieux ; qu'ayant été en Égypte, il s'essaie à retracer les types accentués qu'il y a trouvés, rien de mieux encore. Mais comment a-t-il conçu l'antiquité ? et ce qu'il a vu en Égypte, comment le rend-il ? C'est ce que nous allons voir.

Quand on est Raphaël et que l'on imagine l'antiquité païenne et le monde de ses dieux, on peint l'*École d'Athènes* et le *Triomphe de Galatée*. Si, sans avoir une imagination poétique capable d'animer des conceptions idéales, on a du moins un esprit élevé et une intelligence qui cherchent à s'exercer sur de nobles sujets, on peint comme Ingres l'*Apothéose d'Homère* et l'*OEdipe*, des créations froides, mais au moins chastes et sévères par la forme. Mais si on est dénué de toute pensée véritablement élevée et de toute puissance pour idéaliser quoi que ce soit et qu'on fasse intervenir les souvenirs que rappellent les noms d'Athènes et de Rome, pour en tirer des scènes drôlatiques, en réduisant les grands hommes qui ont fait la civilisation du monde à une troupe de vieux polissons en goguette ou de bouffons faits pour amuser le public, on est M. Gérôme, et alors on peint les *Augures, Phryné devant le tribunal, Socrate chez Aspasie,* le *Roi Candaule, César et Cléopâtre.*

Voici l'antiquité et ses grands hommes arrangés pour faire pendant aux créations auxquelles répond le nom de Guignol, mais ce n'est point assez de cet élément facétieux pour captiver le public, et M. Gérôme a encore recours à un autre moyen, en peignant la nudité accompagnée sur les visages des spectateurs qui la contemplent de toutes les passions bestiales que sa vue peut faire naître. Si je m'élève ici contre la manière dont M. Gérome traite le nu, ce n'est point que je cherche à le proscrire en peinture. Le nu traité d'une certaine manière, est essentiellement du domaine de l'art, et c'est par lui seulement que l'artiste pourra parvenir à fixer sur la toile la suprême expression de la beauté physique. Quoi de plus chaste, du reste, que les créations véritablement artistique, que la *Source* d'Ingres, par exemple ! Je vais même plus loin, les voluptueuses nudités du Titien, le débordement de la chair s'étalant dans Rubens, les scènes légères de la peinture du dix-huitième siècle, on doit les admettre toutes, car elles correspondent toutes à certains côtés d'un sentiment humain ou d'un caractère national qui, librement interprétés par l'artiste comme ils l'ont été, rentrent parfaitement dans le domaine de l'art. Mais ce qui me semble ne s'adresser en aucune manière à des sentiments et à des émotions qu'on oserait avouer, c'est une série de créations où la nudité se trouve accompagnée du spectacle des appétits qu'elle excite, alors qu'elle apparaît ainsi parfaitement méditée, se reproduisant sans cesse sous la même forme, et nous promenant, à travers l'antiquité et les temps modernes, d'Athènes en Asie, et d'Asie en Égypte.

Mais détournons les yeux, dans l'œuvre de M. Gérôme, de cette antiquité qu'il avilit, et puisqu'il est allé en Orient, demandons-nous ce qu'il y a vu. Ils sont nombreux, parmi nous, les artistes qui se sont sentis instinctivement attirés de ce côté. Marilhat, Decamps, Delacroix, Fromentin, Bida, ont tous rendu la nature orientale de manières diverses, mais toutes cependant puissantes ou poétiques. Mais M. Gérôme n'a point vu en Orient le soleil et le désert, ou, s'il les a vus, son *Hache-paille égyptien* et son *Prisonnier* sont là pour prouver combien il est incapable de rendre avec puissance les aspects variés de la nature orientale. Ce que M. Gérôme semble avoir étudié de préférence en Égypte, ce sont les Arnautes, des mercenaires que les Turcs font venir d'Europe pour faire la police du pays. J'ai bien souvent rencontré des Arnautes pendant un séjour en Égypte, et jamais je ne les ai regardés sans constater combien les hommes que M. Gérôme a vus sont différents de ceux qu'il a peints. Les Arnautes d'Égypte sont des gens à la physionomie de forbans, comme il convient à des mercenaires campés sur un pays qu'ils sont chargés de pressurer et de contenir par la terreur. Vivant dans l'oisiveté ou la débauche, passant leur temps à fumer ou à boire, on les rencontre partout réunis en groupes, accroupis ou couchés, vêtus d'oripeaux de toutes les couleurs et de vêtements pittoresques sales et en loques. Sont-ce véritablement là les hommes qu'on retrouve dans les tableaux de M. Gérôme? En aucune façon, car les Arnautes que M. Gérôme peint d'une manière si propre et si léchée, sont de simples modèles d'atelier, revêtus de costumes neufs achetés dans les bazars du Caire, et affublés de fustanelles sortant de chez la blanchisseuse et brossées avec le plus grand soin par le domestique qui fait l'atelier de l'artiste ou lui prépare ses couleurs.

Que vaut encore le faire par lui-même chez M. Gérôme, et quelles sont les qualités matérielles de sa peinture? M. Gérôme n'a ni cette touche vive, légère et spirituelle de Téniers et de Meissonier, ni ce faire huileux et transparent de Terburg et de Metzu; il n'étend le plus souvent sur la toile qu'un soupçon de peinture, qu'une vapeur qui y paraît à peine adhérente, et on se demande ce que deviendront ses tableaux dans l'avenir, quand ils auront subi des nettoyages et passé par les mains des rentoileurs. Son faire léché oscille entre un aspect général terne, sans puissance dans les clairs ou dans les ombres, comme dans ses *Gladiateurs*, ou un composé de couleurs vives, aux tons luisants, avec un modelé dur et cassant, comme dans le *Louis XIV faisant manger Molière*.

Que vaut donc au juste M. Gérôme comme artiste, son mérite étant considéré en lui-même et dépouillé de tout accessoire? M. Gérôme est essentiellement un peintre de genre, donnant la mesure exacte de sa valeur dans des toiles comme le *Boucher turc*, *Rembrandt faisant mordre une planche à l'eau-forte*, et dans une sphère un peu plus élevée, dans le *Duel après le bal*. La part de succès qui revient à l'artiste pour la valeur de forme et d'expression qui se trouve dans de pareilles toiles, est parfaitement légitime et est réellement due aux qualités natives qu'il possède; mais quand, sortant du domaine seul fait pour lui de la peinture de genre, il aborde la peinture d'histoire, ou bien encore, lorsqu'il cherche à reproduire les puissants aspects de la nature orientale, on est bien obligé de reconnaître que les succès qu'il rencontre ne sont plus simplement dus aux qualités d'artiste qu'il possède, mais surtout à l'emploi de moyens étrangers à l'art et à un appel fait à toutes les curiosités, système contre lequel on ne saurait trop hautement protester au nom du respect que l'artiste doit à l'art, et de celui que l'homme doit à la morale.

Nous avons épuisé, avec Meissonier et M. Gérôme, la courte liste des peintres de genre qui ont accusé assez d'originalité et de talent pour être devenus réellement populaires. On voit que la peinture de genre a été loin de donner toute une série d'artistes de même valeur que ceux qui composent le groupe des peintres naturalistes. Les naturalistes ont fidèlement reproduit le monde en face duquel ils s'étaient placés, tandis que M. Gérôme n'a point vu les hommes de son temps et de son pays, et que Meissonier lui-même, qui en a si admirablement rendu tout un côté du caractère, les déguise d'une telle manière sous des costumes d'emprunt, que beaucoup de personnes ne les ont point reconnus ou n'ont pas voulu les voir. Il n'y a que M. Édouard Frère, parmi les peintres de genre, qui se soit entièrement plongé dans son temps et qui ait reproduit avec fidélité les scènes familières qui se sont offertes à ses yeux. M. Édouard Frère s'est particulièrement attaché à peindre les intérieurs du pauvre peuple et les scènes de l'enfance. Ses enfants sont traités d'une façon charmante, qui rend parfaitement bien la naïveté et l'innocence de leur âge. Malheureusement il n'y a pas d'œuvres dans les arts qui aient un mérite définitif, lorsque la forme n'y est pas d'une valeur égale au sentiment ou à la pensée qu'elle est chargée d'exprimer, et M. Édouard Frère est essentiellement inférieur sous le rapport de la forme. Son dessin est indécis, son modelé sans beaucoup de relief, ses intérieurs manquent le plus souvent de véritable profondeur; en un mot, l'artiste n'a pu atteindre à cette perfection et à cette puissance de la forme qui eussent seules pu lui faire prendre place parmi les maîtres.

Il convient sinon de placer au rang des peintres de genre, du moins de les y mentionner comme leur appartenant par tout un côté de leur œuvre, Hippolyte Bellangé et M. Bonnat. Si nous parlons ici de Bellangé, quoiqu'il n'ait guère peint que des scènes militaires, c'est que ses meilleurs tableaux sont justement ceux qui sont conçus dans l'ordre des scènes familières ou des épisodes de dimensions restreintes. Dans sa *Garde meurt,* Bellangé a peut-être peint, parmi tant de tableaux de batailles, le seul qui puisse donner une juste idée de ce que doivent être l'horreur et le carnage des champs de bataille; dans ses *Deux Amis,* il a retracé une scène excessivement touchante et pleine d'émotion. Dans quelques autres toiles de même nature, Bellangé a montré tout ce qu'il eût pu faire s'il eût cherché sa voie dans la peinture de genre proprement dite, au lieu de se condamner à perpétuité au genre ingrat des tableaux de batailles.

Nous mentionnerons encore ici M. Bonnat, dont les seuls tableaux vraiment originaux rentrent dans la sphère de la peinture de genre. M. Bonnat n'est évidemment point une de ces natures prime-sautières faites pour s'engager une fois pour toutes dans une certaine voie et n'en plus jamais sortir. Il s'est, au contraire, essayé dans plusieurs directions à la fois, et il ne paraît pas être encore bien fixé sur celle qu'il doit définitivement suivre. M. Bonnat n'a donc point encore accusé de caractère assez tranché pour qu'on puisse parler de lui autrement que comme se rattachant aux peintres de genre par ce qu'il a jusqu'à ce jour donné de meilleur.

Nous pourrions encore citer le nom de quelques peintres de genre chez lesquels nous parviendrions à distinguer un filon d'originalité et à trouver les traces d'un véritable talent, mais ces qualités ne sont pas assez accentuées ou ceux qui les possédent sont encore trop nouveaux venus pour qu'il puisse entrer dans nos intentions de retracer ici la physionomie de leur œuvre. Ce qui frappe cependant par dessus tout aussitôt qu'on quitte les œuvres des maîtres de la peinture de genre, c'est le nombre illimité de pastiches auquel elles ont donné lieu. Il existe tout un groupe de peintres qui se sont mis à reproduire de petits bonshommes en copiant Meissonier. Ils lui ont pris ses dimensions exiguës, sa forme et sa manière le plus possible et, comme tous les copistes, ils n'ont naturellement donné naissance qu'à des œuvres où tous les défauts du maître se retrouvent exagérés sans une seule de ses qualités. M. Gérôme commence également à faire naître des imitateurs qui se font une spécialité de retracer des scènes d'après l'antique, qui ne sont guère que de franches polissonneries. Enfin M. Edouard Frère est lui-même plus ou moins copié par des hommes qui peignent des scènes d'intérieur dépourvues du sentiment qu'il possède réellement et qui, sous le rapport de la forme, lui demeurent encore bien inférieurs.

Nous essayerons d'expliquer plus tard à quoi sont dues cette fureur d'imitation et cette production sans cesse grandissante de pastiches sans valeur; hâtons-nous donc, pour le moment, de détourner les yeux d'un monde d'imitateurs qui, dans leur impuissance, ne vivent que du souffle d'autrui, pour les reporter sur les œuvres d'artistes en partie incomplets, mais pleins d'un autre côté de puissance, de vie et d'originalité.

M. COURBET

Dans l'étude que l'on peut faire de M. Courbet et de sa peinture, il convient plus que partout ailleurs de ne point séparer un seul instant l'étude de l'homme de celle de l'œuvre, mais de les faire au contraire marcher simultanément, car jamais œuvre de peintre n'a été une image plus fidèle et plus complète du caractère d'un homme.

M. Courbet est essentiellement ce que l'on a appelé un réaliste. On a beaucoup discuté, dans ces derniers temps, sur le réalisme dans l'art, mais comme toutes les théories que l'on a émises ont été faites après coup, que M. Courbet qui est l'artiste le plus instinctif qui ait peut être jamais existé, leur est resté absolument étranger ou ne s'y est rallié qu'alors qu'elles s'étaient depuis longtemps produites à l'occasion de sa peinture, je me garderai bien de chercher l'explication de son œuvre dans les principes esthétiques de ses amis, mêmes adoptés par lui, aussi est-ce devant sa seule peinture que je constate qu'il est bien d'instinct et d'organisation, à part tout choix et tout parti pris, un véritable réaliste.

En disant de M. Courbet qu'il est réaliste, j'entends qu'on veut constater d'un mot que chez lui les facultés d'imagination et le côté du sentiment n'existent pas ou ne sont point développées, que dans ce qui existe, il ne voit absolument que des contours, des couleurs, des plans que sa main fixera sur la toile, sans que, pendant tout le temps, il ait rien découvert qui ait parlé à l'imagination. Tel homme, en face de la nature, est impressionné jusque dans les profondeurs de son être, et l'impression qu'il ressent fait si bien partie de ce qu'il voit, en est si bien comme l'âme, que s'il est réellement né artiste et qu'il prenne le pinceau, il peindra un paysage qui, tout en donnant une image exacte ou si l'on veut aussi réelle que possible du spectacle vu, communiquera en même temps tout l'ordre d'émotions qu'il aura personnellement ressenti à son aspect. L'imagination de l'artiste et son sentiment avaient fait de la scène entrevue une idylle ou une élégie, la scène reproduite par lui sur la toile, deviendra pour tout le monde une idylle ou une élégie. Mais le réaliste comme M. Courbet, en présence des mêmes spectacles, n'aura rien éprouvé d'analogue; ne lui parlez donc point pour les ressentir et les reproduire d'impressions, d'émotions, d'un monde de visions poétiques naissant dans l'imagination à l'aspect de la scène naturelle et devant en accompgner la reproduction sur la toile, car rien de tout cela n'est compréhensible ou n'existe pour lui.

Voici un portrait à peindre et le sujet posé devant l'artiste. Tel peintre va voir tout un caractère, toute une âme se réfléter sur les traits de son modèle, et, en prenant le pinceau, il aura pour but non point seulement de retracer une image ressemblante de l'homme physique, mais encore de fixer sur la toile un reflet de l'âme et du caractère qu'il lui aura découverts. M. Courbet lui, voit admirablement bien l'homme physique, ce que son œil voit, sa main va le retracer sur la toile avec une singulière vigueur, mais l'au-delà, l'âme, le caractère, ce qui ne peut être senti et saisi qu'à l'aide de l'imagination entrant en jeu et qu'avec le secours d'une sorte de seconde vue par l'esprit, tout cela lui échappe absolument et demeure lettre close pour lui.

Je parcours des yeux l'œuvre de M. Courbet, j'y découvre une singulière puissance dans la manière dont l'aspect vrai des choses est rendu, et me trouvant en présence du monde extérieur et de l'homme fixés sur la toile avec tant de vigueur, je me demande quel est l'ordre d'émotions que cette œuvre fait naitre, quelles sont les sensations et les passions qu'elle éveille? A ces questions, je ne trouve point de réponse. D'émotions, de sentiments, de passions, je n'en ressens point. Je perçois des images puissantes et pleines de vérité, mais cette perception ne communique rien à l'imagination et à l'esprit qui sont en moi. Et il en est ainsi forcément, parce que c'est l'œil de l'artiste qui, en face de la nature, l'a seul vue ; c'est donc pour rendre les seules perceptions de cet organe que la main a travaillé ; l'imagination et l'émotion étaient absentes alors que la vision physique donnait à l'artiste quelque chose à rendre, et n'ont participé en quoi que ce soit à l'opération entre l'œil et la main d'où est né et sorti le tableau.

Ainsi l'œuvre de M. Courbet, considérée comme nous venons de le faire, nous montre bien en lui un réaliste reproduisant les divers aspects de la nature sans l'intervention d'aucune faculté d'imagination, mais ce qui achèvera encore mieux de nous prouver combien l'artiste est incomplet sous ce rapport, c'est que dans son œuvre, qui est si étendue et qui a l'air si variée, il ne se trouve pas un seul tableau qui soit la réalisation de scènes ou de types ayant pris naissance dans l'imagination. Vous ne découvrirez dans l'œuvre de M. Courbet ni un tableau religieux, ni un tableau d'histoire, c'est-à-dire aucun de ces tableaux où le peintre reproduit des figures qu'il doit imaginer ou voir par l'esprit avant de prendre le pinceau; rien comme la *Mort et le Bûcheron* de Millet, ou le *Polichinelle* de Meissonier, qui montre chez l'artiste le besoin, à un certain moment, de donner un corps à des créations enfantées par le rêve ou la fantaisie. M. Courbet qui, dans le monde extérieur, ne découvre rien au delà de ce que l'œil voit, n'a donc non plus jamais tiré de lui des types idéalement conçus auxquels il ait eu le besoin de donner une forme sensible; il faut absolument, pour qu'il peigne, qu'il voie quelque chose de tangible et, dans ce quelque chose, il n'y aura que le corps de l'objet qui, tombant sous sa perception, sera saisi et reproduit par lui.

Ainsi il faut constater l'absence absolue dans M. Courbet, et comme conséquence dans sa peinture, de tout ce qui s'appelle imagination, sentiment, émotion, l'absence de ce qui constitue la poésie, de tout ce qui, en animant le monde inanimé et en le pénétrant d'un souffle pour ainsi dire humain, le rend pour nous éminemment sympathique et attachant. Mais dans l'artiste appelé à créer, indépendamment de l'invention, il y a encore le jugement et l'esprit d'examen qui lui permettent, en même temps qu'il conçoit une œuvre, de la juger pour en disposer l'ensemble et en agencer les parties. C'est ce jugement toujours présent, même dans leurs accès d'invention la plus hardie et en apparence la plus désordonnée, qui permet aux grands créateurs, combinant les facultés de l'imagination et du jugement, de guider et de diriger le cours de la passion, d'en coordonner les éclats et le déroulement si c'est de la poésie ou de la musique qu'il s'agisse, qui pour la peinture, sans nuire en rien au naturel et au mouvement, permet à l'artiste d'agencer les diverses parties de son œuvre et d'en surveiller ensuite l'exécution jusque dans ses moindres détails.

Eh bien, M. Courbet est encore dépourvu à un très-haut point du jugement qui suit pas à pas les opérations de la main pour les guider. Lorsqu'il voit une scène ou une figure, le rapport est immédiat entre le sens qui perçoit l'objet et celui qui le reproduit à l'aide du pinceau, et par conséquent le jugement, c'est-à-dire la pensée observant l'œuvre qui s'accomplit, est aussi peu présent et aussi peu actif qu'il est possible. Nous sommes ici en présence d'un homme peignant presque absolument d'instinct, d'un peintre organisé pour donner le jour à de la peinture naissant sous ses doigts d'une façon pour ainsi dire végétative. M. Courbet produit des tableaux presque de la même manière qu'un arbre produit des fruits. Et ceci seulement va nous expliquer l'étrange dissonance et l'énorme différence de mérite que l'on découvre dans les toiles qu'il a peintes ou qu'il peint encore chaque jour.

Un homme qui, avant de retracer définitivement une scène, la soumettra à un examen attentif, qui en surveillera ensuite l'exécution jusque dans ses moindres détails, ne pourra guère s'écarter d'une certaine moyenne, et il devra produire des œuvres qui ne varieront de valeur, du moins quant à la forme et au faire, que dans des limites restreintes. Mais un arbre qui produit des fruits ne se livre à aucune opération d'analyse; aussi donne-t-il chaque année de la même manière et tout naturellement des fruits mal formés ou avortés qui tombent avant le temps, d'autres qui arrivent à terme et offrent une moyenne de bonne qualité, et quelques-uns encore qui se distinguent au milieu de tous par leur parfaite maturité et leur belle venue. Et ainsi fait M. Courbet.

Ne cherchez donc point à classer les toiles de l'artiste par époques et selon une décroissance ou un accroissement graduel de mérite et de valeur. Les imperfections qu'il avait au premier jour, il les a encore toutes au dernier; ses défauts les plus saillants, une certaine lourdeur et gaucherie de dessin et le manque de perspective aérienne, vous né les retrouverez à aucune époque dans ses meilleurs tableaux, mais vous les découvrirez, d'un autre côté, dans toutes ses toiles les moins réussies, à quelque moment qu'elles aient été peintes. Et c'est bien là l'effet obligé de ce système de peinture tout d'une venue, ne sachant point profiter, une fois pour toutes, des perfectionnements acquis pour les conserver, mais qui sans cesse à nouveau conduit l'artiste à peindre de primesaut, d'instinct, libre de toute espèce de souvenirs, sans que le jugement se préoccupe, pour ainsi dire, de savoir comment la main va rendre ce que l'œil voit. Le résultat de cette manière de procéder est la singulière confusion que nous avons sous les yeux à l'exposition de M. Courbet, des études informes, des toiles où commence à se voir quelque chose, ou bien où l'on découvre de grandes qualités déparées par des défauts tout aussi saillants, et enfin un certain nombre d'œuvres entièrement réussies qui font alors ressortir avec éclat les puissantes qualités dont l'artiste est doué.

Maintenant que nous savons ce qui manque à M. Courbet, il convient de rechercher quels sont les qualités et les dons qu'il a reçus en partage. Précisément parce qu'il est incomplet et qu'il manque comme de certains sens, c'est une raison pour que ceux qu'il possède soient excessivement développés. Un homme privé d'un sens physique voit presque toujours ceux qui lui restent portés à leur plus haut point de perfection, comme si la nature se plaisait de cette manière à réparer ses propres imperfections. M. Courbet ne voit que le corps des objets, que le côté tangible des choses, mais ce côté il le rend avec une puissance extrême et une vérité impitoyable. Ce qu'on nous raconte de ces peintres de l'antiquité, qui étaient parvenus à tromper les oiseaux et même à se tromper l'un l'autre en peignant des raisins et un rideau, pourrait être parfaitement appliqué à M. Courbet. Mettez ses *Casseurs de pierres* près du sol, détachés du cadre, et de loin l'illusion sera complète, l'aspect vrai des terres, des étoffes grossières est si bien rendu que toute idée de reproduction disparaîtra, et qu'on sera porté à croire que ces hommes vivent réellement et sont occupés à casser de véritables pierres.

Cette puissante réalité est en partie due à la merveilleuse aptitude qu'a l'artiste de saisir les teintes variées et les moindres nuances de coloration des objets. C'est par ce côté là surtout que M. Courbet est si bien organisé et qu'il se trouve doué des qualités exceptionnelles qui font le vrai peintre. Cette merveilleuse faculté qu'il possède de pouvoir reproduire fidèlement, jusque dans ses plus légères nuances, l'infinie variété de coloration des objets, tire en partie sa source de la manière primesautière et libre de souvenirs dont il peint chaque nouveau tableau. Nous avons trouvé que le manque de jugement et de réflexion portés sans cesse sur son œuvre, était pour l'artiste une cause de faiblesse en le condamnant fort souvent à ne produire que des œuvres manquées ou imparfaites, eh bien ! ces défauts de méthode ont d'un autre côté leurs avantages, car c'est plus ou moins eux qui lui permettent de rendre chaque nouvel aspect des choses avec une franchise de ton et un accent de vérité poussés jusqu'à la dernière limite du possible. Le peintre qui a pour ainsi dire toute son œuvre passée devant les yeux chaque fois qu'il peint, est sujet à tomber dans le maniérisme en ne voyant plus les objets qu'à travers les formes et le coloris dont il a pris l'habitude et que lui donnent ses souvenirs. Mais M. Courbet, procédant d'une manière absolument opposée, est, par cela même, aussi loin que possible d'un semblable écueil. De là cette gamme étendue de coloris et cette variété de tons qu'on découvre dans son œuvre, et qui séparent toutes ses toiles les unes des autres, chacune d'elles reproduisant alors dans toute sa vérité un aspect particulier des objets à un moment donné.

La manière de peindre profondément originale de M. Courbet, s'accuse au suprême degré dans son faire et dans ses procédés pour étendre la couleur sur la toile. La touche de M. Courbet ne vous rappelle absolument rien de ce que vous avez jamais vu ailleurs chez aucun peintre d'aucune école. Il semble qu'ici le pinceau ait été mis tout à fait de côté, que le peintre pour aller plus vite et pour rendre sur-le-champ les effets que son œil saisit, se presse de fixer la couleur sur la toile par larges plaques étendues à l'aide du couteau. Ce procédé vigoureux permet à l'artiste d'obtenir quelques-uns de ses effets les plus puissants, mais c'est de lui aussi que découle directement une partie de ses imperfections. C'est ce faire grossier et lourd appliqué à la reproduction d'objets prenant sous les doigts de petites dimensions, qui nous explique pourquoi M. Courbet, à l'opposé de Meissonier, ne se trouve à l'aise que dans de grands tableaux; c'est encore ce faire appliquant sur toutes les parties de la toile, pour les fonds comme pour les premiers plans, pour les ombres comme pour les clairs, les mêmes empâtements solides et épais qui nous explique le manque de perspective aérienne et de profondeur qui dépare un si grand nombre des œuvres de l'artiste.

En entrant à l'exposition particulière de M. Courbet, vous vous trouvez de suite en présence de l'homme tout entier. Point d'apprêt pour le public, point de choix et de triage des œuvres les meilleures pour se faire favorablement juger, mais au contraire un étalage complet de tout ce qu'a produit l'artiste, du bon et du mauvais, de l'exécrable et du parfait. Le peintre a entièrement vidé son atelier pour montrer au public ce qu'il contenait, et il semble qu'il se soit ainsi attaché à donner à la fois raison à ceux qui disent le plus de mal de lui et à ceux qui en disent le plus de bien.

Nous voilà en face de son œuvre, et nous y constatons, avec cette puissance de faire et cette vérité dans le rendu qui lui donnent une réalité si saisissante, l'absence d'émotion et d'imagination qui fait qu'elle nous laisse froids sans nous émouvoir. Nous reconnaissons de suite que cette manière de peindre toute d'une venue, sans presque faire intervenir le jugement et la réflexion, conduit l'artiste à de nombreux avortements, soit que l'aspect particulier de la nature qu'il ait voulu rendre soit un tour de force impossible à reproduire sur la toile, soit que, dans le cas spécial, ses défauts et ses imperfections aient tout-à-fait pris le dessus sur ses qualités. C'est surtout ce dernier cas qui se présente pour tous les tableaux où il s'essaye à rendre des objets de petite dimension, que son faire par larges plaques lui empêche d'aborder heureusement, ou bien encore pour les toiles trop compliquées où il retrace de grandes scènes qui demandent des habitudes de composition qui lui sont étrangères.

M. Courbet ne parvient à donner toute la mesure de ce qu'il vaut que dans des toiles d'une dimension moyenne entre ses plus petites et ses plus grandes, et lorsqu'il peint des paysages et des scènes peu compliquées où le tableau se trouve pour ainsi dire fait tout seul. C'est alors dans ses *Casseurs de pierres*, sa *Curée*, sa *Remise de chevreuils*, son *Ruisseau du Puits noir* et un certain nombre de ses portraits que l'artiste, débarrassé presque entièrement de ses défauts, au moment même où ses qualités se déploient dans toute leur perfection, nous donne les toiles si remarquables qui se détachent sur le fond de son œuvre. Il arrive même quelquefois, par exception, comme dans son *Ruisseau du Puits noir*, sa *Remise de chevreuils* et plusieurs de ses portraits, que ses qualités et ses aptitudes se déploient d'une façon si puissante qu'elles lui font franchir les limites où sa nature incomplète le condamne généralement à se tenir, si bien qu'il fixe alors sur la toile un monde essentiellement vivant qui ne s'adresse plus seulement aux yeux des spectateurs, mais qui parle encore à leur imagination, et devient ainsi pour eux une source d'émotions. Et c'est par ce petit nombre de toiles, aussi bonnes que possible et malheureusement trop rares dans son œuvre, que M. Courbet, enfin délivré de toutes ses imperfections, arrive à prendre définitivement place au rang des maîtres de l'école moderne.

Il convient de faire ici mention de deux artistes, MM. Ribot et Roybet qui ne se rattachent certainement point à M. Courbet, mais qui ont cependant comme lui poussé très-loin la puissance et la vérité dans le rendu de la forme tangible, sans que l'expression imaginée et le sentiment jouent dans leur œuvre un rôle correspondant. M. Roybet est encore trop nouveau dans la carrière pour qu'on puisse le définir avec certitude, mais tout ce qu'on a vu de lui, jusqu'à ce jour, porterait à le classer provisoirement parmi les réalistes. M. Ribot est un artiste puissant et doué de véritables aptitudes natives, mais nous avouons ne point comprendre le procédé de clairs et d'ombres tranchés dont il a pris l'habitude. Que Ribera dans un pays de lumière ardente et, par le contraste, d'ombres épaisses, peignît ainsi, on le comprend; que Rembrandt, du fond de lieux obscurs où la lumière ne pénétrait qu'à la dérobée, se soit tout naturellement accoutumé au magique clair-obscur qui le fait si grand, on le comprend encore; mais rien ne nous explique les fonds et les ombres absolument noirs de M. Ribot, et loin de faire à l'artiste un mérite de sa manière, il ne nous semble y découvrir qu'un simple procédé, nous n'osons dire une *ficelle,* dont les avantages doivent être fort loin de compenser les inconvénients.

M. MANET

Nous sommes d'autant plus porté à être bienveillant pour M. Manet, qu'il a été fort injustement traité par les jurys officiels et par les artistes ses confrères, qui lui ont à plusieurs reprises fermé les portes des expositions officielles. Quand on est obligé, aux expositions annuelles des Champs-Élysées, de supporter la vue de centaines de toiles que laisse passer le jury et qui sont d'une infériorité si absolue qu'elles n'ont même pas assez de valeur pour avoir des défauts saillants, on se demande au nom de quels principes et en vertu de quel droit les membres du jury croient pouvoir refuser l'entrée à des œuvres aussi imparfaites qu'on voudra les supposer, mais qui au moins accusent chez l'artiste assez d'originalité et de puissance pour tirer quelque chose de lui et, de ce seul fait, le constituent cent fois supérieur aux copistes et aux imitateurs condamnés à ne jamais donner la vie à quoique ce soit. Tous les véritables artistes sont des êtres vigoureux, profondément originaux, obéissant le plus souvent dans la manière dont ils produisent, à une sorte d'instinct et de force native qui sont en eux. Laissez se développer toutes ces individualités au lieu de vouloir les courber, laissez-les accuser librement les côtés saillants de leur nature. Tout ce qui contribuera à assurer à l'individu sa liberté d'action, contribuera à développer l'artiste; accueillez donc d'un œil favorable les nouveaux venus qui se présentent, pour imparfaits ou excentriques qu'ils vous paraissent, souvent par le seul fait qu'ils ne vous ressemblent pas.

Le sublime est partout voisin du ridicule, et dans les arts, les plus grands et les plus puissants créateurs sont le produit de la même force et des mêmes causes qui donneront le jour aux extravagants et aux excentriques. La sève surabondante qui fait naître, dans certains moments, toute une pléiade d'hommes hautement doués est justement la même qui, lorsqu'elle tombe dans certaines natures plus ou moins incomplètes, produit les excentriques, les esprits bizarres et les extravagants. Laissez se développer les uns et les autres, encouragez également leurs débuts de peur, en voulant faire un choix, de vous tromper et d'étouffer le génie. Le triage sera promptement fait et il se fera tout seul.

Mais loin que ces idées dominent dans nos académies, dans nos jurys, parmi les artistes eux-mêmes, aussitôt qu'ils se groupent, c'est tout le contraire qui a lieu. Tous les encouragements et toutes les faveurs sont d'abord pour la médiocrité et le lieu commun, et c'est au devant d'eux qu'on court les bras ouverts. Les hommes qui se tiennent sur le chemin battu, sans défauts et sans qualités saillantes, n'ayant point assez de puissance pour avoir les uns ou les autres, voilà les bienvenus, ceux devant qui tombent toutes les barrières et s'ouvrent toutes les portes. Mais quelle idée se fait-on donc de l'art?

Le convenu, le chemin battu, ce qui ressemble à ce que tout le monde sent, pense ou dit, c'est la négation de l'art, c'est l'absence de l'invention, du rêve poétique et du souffle créateur échauffant le cerveau de l'artiste et pénétrant toutes ses fibres. Il y a peu de poètes et peu d'artistes dans le monde, et la nature, en distribuant à si peu d'élus les dons qui les font, les a par cela seul façonnés d'une manière qui doit les séparer de la foule. Aussi, pour celui qui est impressionné par les grandes créations de l'art, et pour lequel la lecture de certains poètes ou la vue de certains tableaux sont des événements dans la vie, ce qui est vulgaire, lieu commun, n'est rien : c'est le néant, œuvre rentrant dans le domaine de la production industrielle et de la manufacture. La première des qualités de l'artiste, c'est donc de n'être pas comme tout le monde. Certainement que le grand artiste est celui qui a la vision plus puissante, la tête dans des régions plus élevées, la démarche plus assurée, le pas plus accentué que tout le monde; mais à celui qui, dans le domaine de l'art, suit tranquillement la voie battue, je préférerais encore, sans hésiter, l'excentrique ou l'extravagant que sa nature ou son instinct porterait à marcher les jambes en l'air, et je trouverais qu'il approcherait beaucoup plus de la conception que je me fais de l'artiste que celui qui emboîterait le pas de tout le monde et cheminerait avec la foule.

On ne saurait donc trop hautement protester contre les prétentions qu'ont chez nous les jurys et les académies, au nom de certains principes qui ne viennent tous que d'un amour instinctif pour le lieu commun, de s'ériger en arbitres de ce qu'il faut laisser voir au public, pour finir par laisser entrer les pastiches et les œuvres banales, en fermant la porte tantôt à M. Courbet, puis à M. Manet, à des hommes, en définitive, essentiellement originaux et doués à des degrés divers des véritables qualités de l'artiste.

Mais ce prologue nous a conduit sur le seuil de l'exposition de M. Manet, et il est enfin temps d'y entrer et de nous demander ce que vaut l'œuvre de l'artiste.

Lorsqu'on a entendu tout le bruit qui s'est fait autour du nom de M. Manet, les anathèmes dont il a été l'objet, les colères qu'il a suscitées, et qu'on se trouve pour la première fois en présence de son œuvre, on doit être fort étonné de n'y rien voir de véritablement extravagant. On devait au moins s'attendre à trouver un homme s'essayant à peindre comme on ne l'a jamais fait sur la terre, et comme on pourrait tout au plus le faire dans la lune ou le royaume de Laputa, tandis qu'on découvre tout simplement les œuvres d'un artiste dont les principaux défauts viennent de ce qu'il a commencé à peindre avant de savoir suffisamment manier le pinceau.

Il est des hommes qui commencent fort jeunes à se servir du crayon, qui font un long apprentissage du métier dans les ateliers, qui en apprennent tous les secrets et toutes les rouéries, et qui, ainsi préparés de longue main, se produisent au public dans des œuvres patiemment étudiées et laborieusement peintes. M. Manet a suivi une voie diamétralement opposée. Alors même qu'en débutant il ne connaissait le métier que très-imparfaitement, il s'est mis à peindre spontanément, tirant tout de son propre fonds, sans se préoccuper des principes et des procédés connus dans les ateliers, et il a retracé de suite, sur la toile, de grandes compositions et des personnages de grandeur naturelle. M. Manet est évidemment de la famille de ces audacieux qui donnent de suite l'assaut et qui prétendent tout conquérir de haute lutte.

M. Manet n'a point réussi complétement dans ce qu'il voulait faire, car ses imperfections en font un artiste encore trop incomplet pour qu'on puisse dès aujourd'hui le placer au rang qu'il a voulu conquérir d'un bond; mais il ne s'est point non plus cassé le cou, comme il eût pu le faire, car, en dépit des clameurs qu'il a soulevées, tout le monde est aujourd'hui obligé de lui reconnaître les qualités natives qui font le véritable artiste. M. Manet peint depuis trop peu de temps, et il n'a point encore assez donné la juste mesure de ce qu'il pourra produire plus tard, pour que j'essaye ici de caractériser définitivement sa manière et de définir son œuvre; je me bornerai seulement à établir ce qu'il me semble trouver en lui de qualités et de défauts saillants.

J'ai déjà dit que les principales imperfections de M. Manet étaient venues de ce qu'il avait commencé à peindre avant de savoir le faire, marchant tout seul et obligé d'apprendre en peignant. De là, encore aujourd'hui, la plupart de ses imperfections et de ses lacunes. Le plus grand reproche que l'on puisse peut-être faire à M. Manet est celui de travailler trop vite et de traiter ses tableaux trop en esquisses. Son faire n'est pas poussé à un point assez arrêté, son modelé manque de fermeté, et ces défauts s'accusent surtout chez lui dans le traitement des figures. Il faut, pour qu'il donne toute sa mesure, qu'un artiste pousse la valeur et le mérite de la forme aussi loin que possible, et M. Manet se condamne à rester fort au-dessous de ce qu'il pourrait être en peignant d'une manière trop rapide et trop hâtive.

Quant aux qualités natives qu'on trouve en lui, la première est un véritable sentiment de la couleur, qui donne à ses tableaux une gamme de tons fort originale. Ses toiles ont toujours de l'air et de la profondeur; on y découvre encore une grande hardiesse de touche et une grande justesse d'allures dans les personnages, qui ne sentent ni la pose ni l'effort. Enfin, quand l'artiste ne tente pas d'escalader d'un bond les sommets les plus ardus de l'art en refaisant à nouveau de grandes études de nu, il nous donne des œuvres comme son *Chanteur espagnol,* son *Enfant à l'épée,* ses natures mortes, où il atteint sans effort la justesse du ton, et sait pleinement rendre, par un faire large et hardi, l'effet exact qu'il cherche.

L'ART BOURGEOIS

Les peintres que nous avons jusqu'ici étudiés, forment ce que l'on peut considérer comme la tribu des véritables artistes, des artistes doués à des degrés divers d'une imagination et d'aptitudes particulières, si bien que tous les encouragements et toutes les récompenses seraient absolument impuissants à faire naître des hommes capables de les répéter ou de se placer à leur niveau. Mais en dessous des maîtres sentant avec puissance et rendant ce qu'ils sentent d'une manière neuve, en dessous encore des hommes moins grandement doués, qui ont cependant une veine d'invention qui en fait des artistes originaux, il convient de placer les hommes qui, n'ayant point reçu d'en haut la marque du feu sacré, n'ont pris de l'art que ses procédés matériels, et qui n'ont su s'approprier par conséquent que les côtés du métier qui sont en lui, et à l'aide desquels l'artiste est appelé à donner un corps à ses conceptions pour les faire tomber sous nos sens.

Un poète inspiré fait un drame dans lequel il donne une forme et un corps aux créations enfantées par son imagination; un artiste ému prend une toile et il y fixe, avec une image de la nature, une émotion correspondante à celle qu'il a ressentie à son aspect : il n'y aura que le poète et que l'artiste capables de faire passer leurs émotions et leurs impressions, l'un dans le drame, et l'autre sur la toile; mais tout le monde pourra plus ou moins s'approprier la forme qui leur aura servi de moule; tout le monde pourra s'essayer à faire des vers pour en composer des scènes, et les combiner ensuite elles-mêmes de façon à établir la charpente et le squelette d'un drame; tout le monde encore, à l'aide du travail et de l'étude, en prenant pour point de départ ce qui a été fait avant soi, pourra parvenir à peindre des paysages ou à dessiner des figures. Pour nous conformer au langage usuel, il nous faudra dire que, dans ces deux cas, dans le dernier aussi bien que dans l'autre, on aura écrit des drames et peint des tableaux. Oui, mais les hommes qui se seront adonnés au dernier travail auront simplement fait œuvre d'ouvriers, et non point de poètes ou d'artistes; ils auront fait une lampe, mais ils n'auront pu y faire descendre la flamme qui doit éclairer; ils auront pétri de l'argile, à cette argile donné une forme, mais le feu sacré qu'ils eussent dû y faire entrer pour y porter la vie, ils n'auront su ni le trouver ni le dérober, et c'est là ce que peuvent seuls faire les vrais poètes et les artistes d'instinct. Les créateurs et les inventeurs doivent donc être absolument séparés des hommes qui se consacrent aux arts sans aptitude spéciales bien décidées, et c'est pour établir nettement cette distinction que je donne à l'art dont ces derniers sont les représentants le nom d'art *bourgeois*.

Je regrette que l'insuffisance de la langue ne me permette pas de trouver, pour rendre ma pensée, une expression autre que celle-ci, m'évitant l'emploi d'un mot qui, dans l'acception où je m'en sers, n'a point encore définitivement pris place dans le dictionnaire. Cependant le mot est en lui-même excellent, parce qu'il est adopté depuis longtemps par les artistes pour caractériser d'un trait tout ce qui diffère d'eux ou leur est opposé. Le bourgeois, dans la langue de l'artiste, ce peut être tout le monde, aussi bien le prince et le duc et pair que le boutiquier, en un mot tout ce qui, comme puissance d'imagination et de sentiment artistique, ne s'élève pas au-dessus de la foule, foule en blouse ou foule en habit, et qui surtout, comme puissance pour rendre dans une forme originale une émotion ou une vision quelconque, est condamné, en prenant le pinceau, à l'avortement ou à la médiocrité. Ainsi, il faut faire entrer dans le cercle de l'art bourgeois les créations des hommes qui ne reproduiront que des formes sans vie, dans lesquelles ils ne sauront faire passer ni souffle ni mouvement, ou bien encore qui, en supposant qu'ils parviennent à rendre une émotion ou un sentiment, auront seulement trouvé en eux ceux que tout le monde eût pu ressentir, et cette vision des choses qui, n'ayant rien d'original et de puissant, est naturellement celle du vulgaire et de la foule.

Il me semble que la distinction que je cherche à établir ici entre les véritables artistes et les hommes moins bien doués qui envahissent le domaine de l'art, est d'autant plus nécessaire que cette dernière classe, de plus en plus nombreuse, tend à se substituer presque entièrement à l'autre, et que déjà elle la noie par le nombre et la multiplicité de ses productions. Jusqu'à ces derniers temps, aux époques où il a fleuri, l'art était resté le culte exclusif d'un petit nombre d'hommes bien doués et d'artistes peignant par vocation, parce que la nature les avait faits impropres pour toute autre chose que pour peindre. Aussi ne voyons-nous nulle part, jusqu'à nos jours, les hommes qui se croient nés artistes et capables de réaliser quelque chose à l'aide du pinceau, se compter par centaines et augmenter indéfiniment en nombre, au point de devenir aussi nombreux que les ouvriers qui forment certains corps de métier. Mais aussi il faut bien remarquer que c'est seulement de nos jours que les artistes ont eu le grand public pour les juger et les encourager. L'art autrefois était resté confiné à un petit cercle choisi; le cercle est aujourd'hui énormément élargi, et il comprend tout le monde.

Quand l'art restait le domaine exclusif d'un petit nombre d'hommes nés artistes ou sentant en artistes, les seuls hommes peignaient qui voyaient réellement naître en eux un monde de formes ou de visions pouvant seulement se manifester au dehors à l'aide du pinceau; mais aujourd'hui tout est changé. Par suite du développement de la civilisation, de l'élévation relative du niveau intellectuel dans toutes les classes, et de la communauté des mêmes goûts, c'est pour tout le peuple et pour la foule, et non plus simplement pour une minorité éclairée, que les artistes travaillent, et comme, en même temps, les richesses se sont accrues et que le nombre des acheteurs de tableaux a fort augmenté, il est résulté de ce double stimulant inconnu autrefois une augmentation de production dans les objets d'art, et pour y satisfaire, un accroissement proportionnel dans le nombre des hommes se consacrant aux travaux artistiques.

Cependant cette production accrue et surexcitée ne peut être que médiocre et autre chose que de l'art bourgeois, car toutes les surexcitations extérieures sont absolument impuissantes pour augmenter le nombre des véritables artistes ; tout ce qu'elles peuvent faire, c'est d'appeler dans la voie artistique des hommes doués de certaines aptitudes spéciales de métier, qui vont produire des tableaux pour satisfaire à une demande, comme ils eussent produit toute autre chose sous le coup de sollicitations d'une autre nature. Ici nous tombons dans un ordre de faits réglé par les lois de l'économie politique et dans une production soumise aux fluctuations de l'offre et de la demande, comme celle des papiers peints et de la céramique ; car je ne fais aucune difficulté d'admettre que si la demande, pour tous les produits de ce que j'appelle l'art bourgeois, augmentait dans certaines proportions, l'offre ne fût au bout de quelque temps capable de la satisfaire, par le grand nombre d'hommes qui se jetteraient dans cet ordre de production, et qui arriveraient très-vite à mettre au jour, en quantité fort accrue, les articles demandés aujourd'hui dans des proportions plus restreintes.

Quand le public appelé à juger et à payer les artistes était un public d'élite, les véritables artistes pouvaient seuls réussir, car tout ce qui n'eût point été véritablement œuvre d'art, eût été dédaigné et mis de côté par des gens difficiles et délicats ; mais aujourd'hui cette production envahissante d'œuvres sans grande valeur artistique loin d'exciter les dédains de la foule et de lui déplaire, satisfait au contraire parfaitement le grand public, car elle répond à sa médiocrité de sensations et de perceptions artistiques. Cet art bourgeois, c'est le seul que le grand public eût pu faire naître, car il est une image parfaite de la grossièreté de son goût; toutes ces œuvres sans saveur, que l'on paie si cher, ce sont justement les seules que les gens du monde, se mettant à acheter de la peinture, dussent acheter, puisqu'elles correspondent exactement à leur étroitesse de vues sur la nature et à leur propre manière de sentir.

La production, déjà si considérable, de toiles sans véritable valeur artistique, est donc appelée à durer ou même à se développer encore, puisqu'elle répond à un goût du public et à une demande de gens prêts à acquérir, moyennant un certain prix, toutes les œuvres de ce genre qui se présentent sur le marché. Que dis-je à un certain prix? Au plus haut prix! Car tandis que le véritable artiste, doué d'une puissante originalité, soutiendra souvent luttes sur luttes pour faire accepter sa peinture et la vendra des prix infiniment bas pendant des années, tellement que, s'il ne vit jusqu'à un âge avancé, il ne recueillera aucun fruit de ses travaux, vous voyez, au contraire, les producteurs médiocres acclamés dès leurs débuts, et vendant de suite leurs toiles à des prix considérables.

Il n'y aurait rien à objecter à cela, car toute production qui répond à une demande est parfaitement légitime, n'étaient-ce cependant les résultats désastreux qu'un semblable état de choses a sur l'art proprement dit et sur les véritables artistes. Ce sont, comme conséquence, les artistes inspirés, entourés et étouffés par une foule d'ouvriers sans originalité et qui n'ont qu'une habileté de main; ce sont les encouragements de toute sorte donnés à la peinture vulgaire et sans traits accentués qui font qu'un peintre, en débutant, trouvera tous ses avantages à affaiblir les angles saillants et les côtés d'originalité qui feraient sa puissance, pour plaire plus vite au public et capter sa faveur en tombant à son niveau ; ce sont, enfin, comme conclusion, la médiocrité et le lieu commun tendant à tout envahir et à tout niveler, non point seulement en décapitant les hautes statures, mais en créant un état de choses définitif où les hautes statures ne sauraient s'essayer à dépasser un niveau commun.

Il faut cependant descendre dans les détails pour bien se rendre compte de la véritable nature de cet art bourgeois. Nous allons donc successivement l'étudier dans les trois grandes divisions où l'on peut faire rentrer presque toutes les productions auxquelles il donne lieu : le grand art, le portrait et la peinture de genre.

Et d'abord le grand art. Quel ne serait point votre étonnement si vous appreniez inopinément qu'un artiste vivant s'est proposé de retracer sur la toile cette grande scène de l'homme chassé par le Père éternel du paradis terrestre, scène qu'il a fallu toute la jeunesse de la poésie biblique pour animer une première fois et que, depuis, les grands génies, les hommes au souffle le plus puissant, Raphaël, Michel-Ange et Milton ont seuls osé aborder? Quoi! il existe parmi nous un artiste assez grandement doué pour voir éclore tout naturellement en lui une vision de cette scène sublime, possédant une imagination assez ailée et assez emportée pour recréer les types qui doivent y figurer, et se trouvant encore la puissance de les faire passer sur la toile dans une forme digne d'eux! Il est vrai qu'il existe au milieu de nous un artiste qui fait de semblables entreprises, c'est M. Cabanel, mais vous allez voir comment de nos jours on peut comprendre le grand art, et à l'aide de quels procédés on s'essaye à fixer sur la toile une image du *Paradis perdu*.

C'est le Dieu de la bible, le Père-Éternel, qui chasse l'homme du paradis perdu, et c'est là le premier type que l'artiste doit imaginer pour être vraiment créateur. Mais M. Cabanel n'a aucunement vu par l'esprit et imaginé un pareil ype; il a tout simplement fait entrer dans son ableau celui que la souveraine imagination de

Raphaël avait créé une première fois, et il débute ainsi par un pastiche. Ses anges, son Adam et son Ève, sont tout simplement des modèles, des formes humaines ne réalisant aucun type idéal et reproduits sur la toile à l'aide des procédés de dessin et de faire appris dans les écoles et légués par la tradition. Mais dans tout cela, il n'y a rien d'original, rien de vivant, rien qui accuse un véritable travail de l'imagination, rien qui révèle qu'il se soit opéré dans l'âme de l'artiste quelque chose d'analogue à ce qui a eu lieu dans celle de Michel-Ange, lorsqu'il a enfanté les sublimes visions suspendues aux voûtes de la chapelle Sixtine.

M. Cabanel place son Père-Éternel, son Adam et son Ève au milieu d'un paysage représentant le paradis terrestre, tel qu'il a eu la puissance de l'imaginer. Peut-être que M. Cabanel, qui manque des facultés nécessaires pour créer des types humains idéalement conçus, saura au moins fixer une émotion ou un sentiment dans son paysage. Voyez ce que certains peintres, qui n'ont traité le paysage qu'accidentellement et comme partie sacrifiée, ont cependant su lui faire rendre et comme ils l'ont empreint de tout l'ordre d'émotions qu'ils voulaient communiquer; voyez, dans ce genre, le bout de paysage que le Corrège a mis derrière son *Antiope*, et les paysages en fonds de tableaux que le Titien peint de temps en temps. Mais dans le *Paradis* de M. Cabanel on ne découvre encore rien de pareil. M. Cabanel n'a point su animer la nature et la pénétrer d'un souffle qui fasse qu'elle nous parle; son paysage est absolument froid, sec et sans vie, et la plus petite toile de Rousseau ou de Corot mise à côté, le ferait de suite rentrer dans le néant.

Dans ce *Paradis perdu* il y a de tout, de la science, du travail, des souvenirs, par dessus tout la recherche et la réussite de l'effet, en un mot, toutes les qualités nécessaires pour en faire la suprême expression de l'art bourgeois, mais la trace de la vision poétique et de l'imagination y manque absolument, et c'est la première, sinon la seule des choses qu'il fallait y rendre sensible pour donner au tableau une véritable valeur artistique.

Après la grande scène biblique, nous avons une parabole tirée de l'Évangile dans l'*Enfant prodigue*, de M. Dubufe. Qu'est-ce que M. Dubufe a fait de cette parabole qui a si heureusement inspiré tant de grands artistes? M. Dubufe n'a su retracer et animer sur la toile ni des hommes de son temps et de son propre pays, comme l'ont fait Paul Véronèse et Murillo, ni de véritables Orientaux, comme on en rencontre dans l'œuvre d'Horace Vernet ou de Bida. Il a simplement peint un pastiche décoratif en reproduisant les costumes des peintres vénitiens du seizième siècle. Je dis les costumes seulement, car dans les personnages peints par M. Dubufe on ne découvre aucune trace de vie ou de passion. Cette peinture soignée et d'un faire correct, de modèles bien groupés pour se faire valoir, a encore toutes les qualités des œuvres bourgeoises, mais elle manque de tout ce qu'il faudrait pour être une véritable œuvre d'art; aussi comme peinture décorative, demeure-t-elle fort inférieure à ce que produit M. Chaplin, et comme pastiche des maîtres vénitiens, a-t-elle juste le degré de valeur que pourrait avoir de l'eau sucrée comparée à un vin généreux.

Voici maintenant M. Merle qui, dans sa *Marguerite essayant les bijoux,* tente de revêtir d'une forme sensible les créations nées dans la puissante imagination de Gœthe. Est-ce que M. Merle est parvenu à trouver les véritables types physiques que devraient prendre les personnages du Faust fixés sur la toile par un artiste assez puissant pour leur conserver leur grandeur ? Pas le moins du monde. Dans sa conception panthéiste des choses et de la nature, Gœthe a communiqué aux personnages de son drame une puissance et un souffle qui ne leur sont pour ainsi dire point personnels, mais qui sont comme une émanation de l'esprit universel passé en eux. De ces personnages, M. Merle a tiré un joli sujet de tableau, un motif de scène bien arrangée et honnêtement peinte ; sa Marguerite est une agréable jeune fille, mais ce n'est point la Marguerite de Gœthe, une fraîche et puissante blonde allemande qui joindra à un développement physique prononcé une expression de visage suave, vaporeuse et poétique.

M. Jalabert peint de son côté une toile qu'il appelle une *Veuve*, où se trouve représentée la tristesse d'une veuve en même temps que la consolation qu'elle peut trouver dans ses enfants. Dans cette œuvre, voilà enfin le malheur rendu absolument agréable et joli, la tristesse et l'amour maternels tout ensemble exprimés d'une façon mièvre et affaiblie pour devenir un sujet d'agréable sensibilité et d'attendrissement mitigé, pour les femmes et les hommes élégants qui demandent que tout soit arrangé de manière à répondre à l'exacte nature de leurs sensations en fait d'art, aussi une pareille toile me paraît-elle être un des triomphes de l'art bourgeois.

Il serait inutile de continuer plus longtemps une semblable analyse, nous en avons assez vu pour reconnaître partout les mêmes procédés et le même système. Nous trouvons des hommes qui s'essaient successivement à reproduire les plus grandes scènes, les plus grands souvenirs, les plus grandes créations de l'histoire, de la religion, de la poésie antique ou des grands poètes et des créateurs modernes. Mais sont-ils eux-mêmes animés du souffle qu'il faudrait posséder pour redonner la vie à un monde de géants et à des créations colossales, est-ce un instinct irrésistible, un besoin inné et dévorant de leur nature qui les pousse dans cette voie et qui les y maintient? En aucune manière. C'est simplement de parti pris et par un choix raisonné qu'ils entrent dans la carrière, aussi ne la parcourent-ils point en artistes inspirés et en créateurs, mais en hommes laborieux et en gens d'esprit.

Impuissants à créer tout naturellement des types et des formes pour rendre sensibles, en leur donnant un corps, les conceptions idéales qu'eût dû enfanter leur imagination, ce qui est la manière dont le véritable artiste et le poète créent et imaginent, ils imitent les grands créateurs leurs devanciers, et ils retracent dans de simples pastiches les types et les formes que leur donnent leurs souvenirs, leurs études et les traditions de l'école.

Incapables encore de se trouver instinctivement une manière et un faire originaux ayant un lien intime et mystérieux avec leur organisation et leur tempérament, qualités qui se rencontrent chez tous les grands artistes qui peignent plus ou moins sous le coup de l'inspiration en laissant aller la main, ils remplacent cela par une manière de peindre laborieuse qui leur est commune à tous, et ils appellent à leur secours tout ce que l'on peut humainement apprendre de règles et de procédés pour donner de l'air et de la profondeur à une toile, pour faire fuir des figures ou les grouper, pour disposer des plans, pour arrondir des contours, pour épurer des lignes, agencer des draperies, harmoniser des couleurs, dégrader des teintes et des nuances. Jamais le métier et tous ses secrets n'ont été poussés plus loin, jamais il n'y a eu plus de science et plus d'efforts, plus de travail et plus de recherche dans toutes les directions, mais tout s'est trouvé vain pour animer le monde des grandes créations auquel ces artistes se sont attaqués, car ce qu'il eût fallu pour cela c'était la grande vision poétique et l'émotion profonde en présence des spectacles de la nature, et ces dons magnifiques, le ciel qui les donne a si peu d'élus, leur a à tous absolument refusés.

Cependant le triomphe de l'art bourgeois est dans le portrait, et il existe dans ce genre un groupe de peintres nombreux, on pourrait presque dire une école, MM. Bouguereau, Cabanel, Dubufe, Giacomotti, Jalabert, Winterhalter et plusieurs autres, qui se ressemblent absolument tous et qui ont exactement l'air d'appartenir à une même famille, et cela parce qu'ici, plus que partout ailleurs, ils n'ont rendu, quand ils ont rendu quelque chose, que cette médiocrité d'expression, que cette fade et vulgaire conception de la vie, qui est le terrain naturel et forcé du bourgeois.

Lorsqu'on passe en revue les nombreux portraits que renferme l'Exposition du Champ-de-Mars, on ne parvient à en découvrir que deux o[ù] les peintres aient véritablement fait œuvre d'a[rt] tistes, le portrait de *l'empereur Napoléon III*, de Flandrin, et celui de *M*^{me} *H. T****, de Meissonier. Quand Flandrin et Meissonier ont peint ces portraits, le modelé du visage et le tracé des traits n'ont point été le but unique de leurs efforts, mais ils ont encore cherché à fixer sur la toile l'expression de la vie morale et le reflet du caractère que les traits du modèle posé devant eux leur avaient révélé. Nous avons donc dans les portraits de Flandrin et de Meissonier, comme dans ceux d'Ingres, des œuvres d'art dans le sens le plus vrai et le plus strict du mot, des œuvres où la forme tangible n'existe que pour communiquer un sentiment et rendre l'expression de la vie. Mais j'ai beau contempler à loisir les autres portraits exposés en si grand nombre, aller de M. Cabanel à M. Dubufe et de celui-ci à M. Bouguereau, je ne découvre plus rien de vivant; les figures ne reflètent plus ni âme, ni expression, ni caractère. En regardant le portrait de *M*^{me} *H. T****, il me semble être en présence d'une personne vivante, et je me plais à étudier le caractère que me révèlent les traits de la figure peinte, comme si j'étais en face du sujet lui-même ; devant l'admirable portrait de Flandrin je puis faire la même chose, et la puissance de l'artiste s'est si bien affirmée dans cette œuvre, que ce seul portrait pourrait servir aux historiens futurs, en l'absence de tout autre document, pour retracer une image fidèle du caractère de l'Empereur. Mais si, de ces œuvres, je passe au portrait de *M. Rouher,* par M. Cabanel, ou aux portraits de femmes de tous les autres, je ne découvre plus rien de semblable.

Je vois un dessin correct et des lignes étudiées, un faire propre et soigné, un travail consciencieusement exécuté, point de défauts saillants et rien qui déplaise à l'œil, bien au contraire, la recherche et la rencontre de l'effet, beaucoup de goût dans le coloris, dans la pose et dans les ajustements du modèle, en un mot, une réussite complète de tout ce qui est du domaine de l'art bourgeois ; mais l'empreinte du véritable artiste, cette âme et ce caractère qu'il a dû deviner ou découvrir et que son œil pénétrant doit, s'il le faut, aller chercher jusque dans les profondeurs du modèle pour les fixer ensuite sur la toile, où est tout cela? Tout cela! le peintre n'y a point pensé un seul instant et personne ne lui a demandé.

Il a peint une toile d'une coloration agréable qui fera admirablement bien comme décors de salon, la belle dame qui est le sujet du tableau y étale une robe du meilleur faiseur; il lui a donné des traits de convention arrangés pour lui plaire, mais encore assez voisins des siens pour qu'on puisse la reconnaître, et ce sourire obligé qui sied si bien dans le monde pour dire des fadaises; que peut-on donc demander de plus à un artiste, et toutes ces qualités ne sont-elles pas justement celles que comportent les exigences des bourgeois en fait d'art? Et pour qui toutes ces œuvres sont-elles peintes, sinon pour des bourgeois? Toute production doit à la longue s'adapter exactement au goût des consommateurs, de ceux qui la font naître ou qui l'encouragent, et la preuve que les producteurs de tous ces portraits ont admirablement atteint leur but et sont arrivés à satisfaire exactement leurs clients, c'est qu'ils se ressemblent tous en tout point, et que le résumé de leurs qualités et de leurs défauts est la fidèle image de la peinture que les bourgeois eussent peinte pour eux-mêmes s'ils eussent su peindre.

Le domaine du portrait est immense, et il s'y trouve place pour les organisations et les individualités les plus diverses s'essayant à faire œuvre d'artiste. On peut fixer l'expression de la vie dans le portrait à la manière des dessinateurs, sans se préoccuper du rendu de la chair et de la couleur, comme l'ont fait Raphaël et, de nos jours, Ingres et Flandrin; ou bien, au contraire, sur les traces des coloris de Rubens et de Valasquez, arriver à rendre la vie, en imprimant sur la toile un reflet de la chair et du sang circulant sous la peau. On peut encore, tout en conservant à chaque personnage une personnalité propre, empreindre toute son œuvre du cachet de son propre caractère, peindre alors comme Van Dyck un monde noble, à grandes allures et marqué au coin d'une suprême distinction; ou comme Gainsborough donner à tous ses types un air de langueur et des yeux humides pleins d'une mélancolie rêveuse. Si même on n'a point assez de puissance pour animer des types en fixant le reflet d'âmes sur la toile, on pourra cependant donner par le portrait une image du caractère d'un temps ou d'une époque, comme l'ont fait Kneller, nous rendant sensibles la licence et le débordement de la cour de Charles II, et Nattier l'esprit de marivaudage, l'élégance mignarde et l'afféterie qui dominaient dans notre société du dix-huitième siècle. On peut encore, comme Mme Lebrun, ou même de nos jours Mme Henriette Browne, précisément parce qu'on a la touche féminine, parfaitement rendre sur la toile de vraies femmes, des femmes douées de toute la sensibilité de leur sexe. Dans ces différentes manières de comprendre et de traiter le portrait, du plus au moins et dans une proportion quelconque, les peintres ont véritablement fait œuvre d'artistes; ils ont reproduit des formes qu'ils ont su animer et qui n'ont point existé pour elles-mêmes, mais bien pour communiquer quelque chose parlant à l'imagination ou au sentiment. Mais dans les œuvres des portraitistes actuels on ne découvre plus rien de ce genre, et on ne voit absolument rien qui donne à aucun de leurs nombreux portraits le droit de s'appeler œuvre d'art, dans le sens où l'on prendrait ce mot en l'appliquant à un portrait du Titien ou de Rembrandt.

J'ai eu occasion, en passant en revue les peintres de genre, de parler des pastiches auxquels l'œuvre des maîtres donnait naissance, et de mentionner le nombre de peintres qui, privés de toute invention, se bornaient à reproduire servilement les formes et les procédés d'autrui. Cette production d'œuvres d'imitation, ainsi que celle d'une multitude de toiles de petite dimension, forme la dernière des catégories dans lesquelles on peut faire rentrer toutes les créations de l'art bourgeois.

Ici nous tombons dans une mer sans rivages d'œuvres n'ayant plus aucun mérite artistique, et dont la seule raison d'être est une demande de petits tableaux destinés à servir d'objets d'ameublement et à figurer dans certains intérieurs au même titre que les potiches ou les chinoiseries. Il s'en fabrique, du reste, pour toutes les catégories d'acheteurs : il y a des scènes d'intérieur et des sujets familiers pour les personnes qui aiment les choses honnêtes d'aspect ; des scènes égrillardes et des femmes nues pour ceux qui ont des goûts contraires ; des animaux et des paysages pour les gens qui aiment la nature, ou qui, du moins, croient l'aimer et la comprendre. La plupart de ces œuvres ne communiquent aucune impression, et elles ne peuvent être considérées comme de véritables œuvres d'art que par les hommes assez mal doués pour être condamnés à ne jamais éprouver de réelle émotion en présence des toiles d'un véritable artiste. Du milieu de tous les peintres qui fabriquent du *bibelot* en peinture, il n'y a que M. Desgoffe qui, par son savoir-faire et l'extraordinaire fidélité avec laquelle il rend l'aspect vrai des natures mortes, mérite que l'on mentionne son nom à côté de celui des peintres hollandais qui se sont adonnés au même genre, bien qu'il leur reste inférieur pour la vigueur de la touche et l'harmonie du coloris.

Au point où nous sommes parvenus, les tendances vers le pur métier, communes à toutes les œuvres de l'art bourgeois, prennent absolument le dessus sur les côtés artistiques qui pouvaient encore se rencontrer en elles ; aussi, sans plus nous attacher à décrire ce qui devient une simple production industrielle, nous hâtons-nous de porter ailleurs nos regards.

L'ART OFFICIEL

L'art officiel est essentiellement de l'art bourgeois, mais avec un caractère particulier et une physionomie tranchée qui demandent qu'on en fasse une branche à part et qu'on lui consacre un chapitre spécial.

Si vous concevez l'artiste comme un être pouvant seulement créer sous le coup d'une inspiration indépendante de la volonté, ou que du moins l'acte seul de la volonté ne suffit point à faire naître, vous ne penserez plus à le classer au nombre des producteurs capables de donner naissance, en toute occasion, à des œuvres de commande, dont le cadre et le sujet lui seront indiqués par avance. L'artiste ne peut donner la mesure de ce qu'il vaut que lorsque, livré à lui-même et abandonné à son instinct, il s'essaye à fixer sur la toile les seuls sujets que son organisation et ses aptitudes le destinent tout naturellement à produire; mais si, le privant de sa liberté, on lui trace une voie où il devra forcément se tenir et produire sans être soutenu par l'inspiration, on le paralyse à coup sûr et on le condamne alors à tomber au-dessous de lui-même. Il résulte de ceci que quand l'État se borne à acheter des tableaux aux expositions ou aux ventes, la valeur des œuvres qu'il acquiert dépend entièrement du goût et des lumières de ses agents, mais que lorsque, sortant de ce rôle, il se met à commander des tableaux en en fixant le cadre et le sujet, il place les artistes dans des conditions si désavantageuses pour produire, qu'il se condamne lui-même, comme il est arrivé, à remplir ses palais et ses musées des plus mauvaises œuvres de tous les peintres.

Les œuvres commandées pour le compte de l'État seront donc tout ce qu'il y aura de plus médiocre, d'abord parce qu'on aura placé les artistes dans les conditions les plus défavorables pour les peindre, et qu'en outre, on aura fait choix de sujets, pour les leur imposer, qui les mettent aux prises avec un travail si ingrat et des difficultés de métier si considérables qu'il n'y aurait encore rien que de très naturel à ce qu'ils échouassent, fussent-ils placés dans les conditions avantageuses qui leur font défaut.

Les sujets qui composent le catalogue de l'État, se renferment presque exclusivement dans des visites de princes, dans des réceptions, cérémonies, revues, batailles, etc., etc. Or, peut-on concevoir avec nos costumes modernes rien qui prête moins que de pareils sujets à être reproduit par un peintre s'essayant à faire œuvre d'artiste? L'artiste tel que nous le comprenons, c'est l'homme qui se trouve instinctivement porté vers certaines scènes qu'il imagine, ou vers certains aspects de la nature, et qui reproduit librement ses impressions en les fixant dans la forme qu'il a imaginée ou dans l'aspect de la nature qui l'a frappé. Peut-il rien exister dans les cérémonies officielles qui permette quelque chose de semblable? Absolument rien. Voilà au contraire l'artiste, homme d'invention et de spontanéité, contenu de toutes parts par la réalité, et obligé de reproduire servilement l'arrangement conventionnel des groupes et des lieux qui forme la partie obligée de toute cérémonie. Le voilà astreint à aligner sur la toile des rangs entiers de gens vêtus d'habits galonnés ou d'uniformes étriqués; le voilà condamné à reproduire des visages d'où toute émotion est bannie, ou bien sur lesquels on ne lit que cette platitude d'expression prise pour écouter un discours du prince ou lui présenter une supplique.

Et vous croyez qu'on lui diminuera les difficultés purement matérielles de pareils sujets, en lui laissant une certaine latitude pour les arranger ou les composer? Bien loin de là, il lui faudra être aussi exact qu'un procès-verbal, peindre jusqu'à la dernière broderie et au dernier bouton de chaque habit, mettre tous les personnages à la place exacte que leur rang les appelle à occuper, reproduire encore de face le visage des principaux pour en faire autant de portraits, et enfin retracer le plus souvent toute la scène sur une toile de dimensions gigantesques, si bien qu'à toutes les impossibilités qu'il a à vaincre, on ajoute encore celle de donner la vie et le mouvement à une de ces compositions colossales, telles que des hommes comme Rubens et Velasquez n'en n'ont eux-mêmes qu'exceptionnellement abordées.

Déjà nous avons vu les productions de la peinture bourgeoise être, à raison même de leur médiocrité, encouragées par le public et les bourgeois, ici nous allons également reconnaître que l'infériorité irrémédiable de l'art officiel n'est point un obstacle à son développement, car ce que ceux qui le patronnent demandent, ce ne sont point des œuvres ayant pour première qualité d'être des œuvres d'art, mais bien des compositions d'un certain ordre, destinées simplement à retracer des scènes dont on veut conserver la physionomie exacte. Des qualités d'art! qui est-ce qui en exige dans de pareilles œuvres? Évidemment l'État commande de la peinture au même titre que ses autres fournitures, et les peintres ne sont pour lui que des producteurs, comme ceux qui lui fournissent ses équipements militaires ou le mobilier de la couronne. Un prince naît, l'État réclame des odes et des cantates pour célébrer l'événement, et de suite des ouvriers en vers produisent, sur commande, des odes et des cantates où il y a naturellement de tout, excepté de la poésie; de même une revue, une cérémonie, une bataille ont lieu, et aussitôt quelqu'un est mis par l'État à peindre une toile destinée à en retracer la physionomie, et faite pour occuper une certaine place dans un lieu désigné d'avance.

Vous voyez bien qu'en faisant peindre des tableaux dans de semblables conditions, on ne peut penser à réclamer des œuvres d'art. Vous demandez à un artiste de vous peindre une bataille, mais vous devez savoir que si la nature ne l'a tout particulièrement organisé pour reproduire de pareils sujets, la bataille qui vous sera peinte pourra avoir toutes les qualités du métier sans être pour cela une production véritablement artistique. Quand l'État s'est adressé à Horace Vernet pour avoir des tableaux de bataille, il s'est trouvé posséder des œuvres de mérite, pourquoi? parce qu'Horace Vernet, sur le terrain où on l'avait placé, était resté sur celui où son instinct l'avait déjà tout naturellement conduit, et où il s'était établi de lui-même, en obéissant à une vocation bien décidée. Aussi, dans tous les tableaux où Horace Vernet a eu à fixer sur la toile des soldats de son temps et qu'il avait vus, a-t-il produit de véritables œuvres d'art, des œuvres rendant sensible, dans une forme originale, tout un côté intérieur et vivant des choses.

En employant Horace Vernet, l'État a eu par

hasard des créations artistiques; mais comme ce qu'il réclame avant tout, ce ne sont point des toiles ayant pour première qualité d'être des œuvres d'art, Horace Vernet mort, il s'est mis à commander des tableaux de batailles à une série de peintres qui, n'ayant naturellement dans ce genre aucune aptitude native, ne lui ont peint que des œuvres de métier où toutes les grandes qualités artistiques font défaut.

En tête de ces artistes, nous rencontrons M. Yvon, qui s'est consacré à retracer des scènes empruntées aux grandes batailles de Crimée et d'Italie. Nous avons au Champ-de-Mars la première en date de ces toiles, qui peut aussi passer pour la meilleure, la *Prise de la tour Malakoff*. Dans cette circonstance, M. Yvon a dû aborder de front toutes les impossibilités d'un pareil sujet : scène immense, personnages de grandeur naturelle au milieu de la boucherie et de l'acharnement du combat. Il a, comme Atlas essayé de soulever un monde, aussi n'y a-t-il rien d'étonnant à ce qu'il ait plié sous le poids. Où est, en effet, cette série de passions ardentes dont son sujet lui faisait une obligation de fixer l'image sur la toile? La rage, la soif du sang, l'acharnement de la bête féroce qui, dans le combat, se retrouve dans l'homme, la terreur chez les uns, la colère, le délire chez les autres; ces émotions les plus terribles, mais aussi les plus difficiles à rendre qu'il soit au monde, M. Yvon s'étant trouvé impuissant à les exprimer, les a tout simplement remplacées dans son œuvre par d'affreuses grimaces. Et cependant ce tableau impossible à faire possède encore certaines qualités! Mais ce n'était point assez d'avoir mis l'artiste aux prises une seule fois avec de semblables difficultés, on a donc appelé M. Yvon à produire toute une série de toiles dans la même donnée, or comme se répéter dans une pareille voie, c'est aller sûrement en s'affaiblissant, on l'a conduit de chute en chute à peindre la *Bataille de Solferino* du Musée de Versailles, une œuvre d'un faire absolument mou, où le relief, le mouvement, l'air et la profondeur manquent également, et où les tons sont si bien faux et criards, que la bataille semble être livrée à la lueur de pétards et de feux de Bengale.

M. Pils, de même que M. Yvon, a mis presque exclusivement son pinceau au service de l'État, et il a peint, pour ses débuts, la *Bataille de l'Alma*. Déjà, sur cette toile (où il a, du reste, fort habilement tourné une partie des difficultés inhérentes à son sujet, en ne peignant point une véritable bataille, mais un défilé de troupes se rendant à une bataille), on découvre en germe les principaux défauts de l'artiste, qui vont s'accentuer et définitivement prendre le dessus dans sa *Fête donnée à l'Empereur*. Il me semble que voilà enfin un type complet des horreurs où peut conduire la peinture officielle. Nous sommes ici en présence d'un tableau d'une coloration crue et absolument fausse de tons, tellement qu'on dirait toute la scène peinte avec un mélange de lie de vin et de jus de groseilles, et qu'on croirait les personnages affublés de costumes faits de papier peint.

Voilà ce que sont devenus deux artistes d'un

véritable talent pour s'être donnés à l'État et s'être voués à produire les œuvres ingrates qui forment le fond de son catalogue. Mais considérez encore combien des artistes heureusement doués, qui dans des œuvres librement conçues et spontanément créées se sont révélés dans toute leur valeur, sont tombés au-dessous d'eux-mêmes lorsqu'ils ont abordé la peinture officielle et peint de commande pour l'État. Allez voir à Versailles ce qu'est devenu M. Muller dans son *Ouverture de la session du Sénat et du Corps législatif*, une des plus hideuses choses qu'on ait jamais peintes; observez Hippolyte Bellangé, qui dans ses *Deux Amis* met tant de sentiment, peignant dans *Une Revue sous l'Empire* une toile de paravent sans vie, sans mouvement, sans qualités de faire d'aucune espèce; rappelez-vous, au Salon de 1865, la *Réception des ambassadeurs Siamois* de M. Gérôme, où il semblait que les ambassadeurs eussent apporté la fièvre jaune avec eux pour la donner à toute l'assistance; voyez encore au Champ-de-Mars l'*Arrivée de la reine d'Angleterre à Cherbourg*, une marine de Gudin dont les navires sont en verre soufflé et la mer en cristal, et vous conviendrez alors que l'avortement et l'impuissance absolue qui s'affirment dans toutes les œuvres commandées par l'État suggéreront, comme dernière réflexion sur l'art officiel, au critique, la remarque qu'on a fort malheureusement pour eux détourné vers cette voie des peintres qui eussent trouvé ailleurs un bien meilleur emploi de leur temps et de leurs facultés, et, au contribuable, le regret que l'argent du budget destiné à payer de pareilles œuvres et à en encourager la production, soit si mal dépensé et si inutilement jeté par les fenêtres.

CONCLUSION

Nous ne saurions abandonner notre sujet sans essayer de résumer les traits épars qu'il contient, en les complétant d'une vue d'ensemble sur l'école moderne, pour retrouver la place exacte que les peintres qui ont fait le sujet de cette étude, occupent au milieu d'elle et par rapport à ceux de leurs devanciers ou de leurs contemporains qui les ont précédés dans la tombe.

Il est des époques dans l'histoire qui sont comme intermédiaires entre deux mondes, l'un qui a pris fin sans que l'autre ait encore commencé, et telle est au milieu de nous, pour les arts, la période qui comprend la fin du dernier siècle et le commencement de celui-ci. La forme mesurée, équilibrée, simple et même nue qu'avaient tout naturellement revêtue la peinture et la poésie du grand siècle se résumant dans Poussin et Racine, s'est alors trouvée ne plus correspondre à la nature des conceptions et des sentiments naissants dans l'imagination des hommes; de même les créations légères, mondaines, délicates et railleuses de la peinture et de la littérature du dix-huitième siècle, rencontrant leur expression la plus parfaite dans Watteau et Voltaire, ne pouvant non plus se reproduire, il fallait à ce moment tout créer à nouveau dans l'art et la littérature, et à une manière de penser et de sentir entièrement neuve, trouver des formes nouvelles, correspondantes. Mais les flots de l'esprit naissant n'avaient point encore acquis assez de puissance pour se frayer une voie et se tracer un lit. Alors, dans l'intervalle, des conceptions de parti pris et purement conventionnelles prennent possession du domaine de l'art et y règnent sans partage, comme il arrive à tout ce qui s'empare d'un monde qui ne possède rien en propre.

Le résultat de cette domination nous donne dans l'art les étonnantes créations de David et de son école, qui, se contentant de déclamation, d'effets et d'arrangements purement conventionnels, ne laissent plus voir sur la toile que des modèles d'académie supposés alors rappeler l'antique; si bien qu'à la place des véritables créateurs, des artistes peignant librement pour rendre des inspirations personnelles, il ne reste plus que de laborieux ouvriers travaillant à retracer, d'après certaines idées imposées, des formes et des groupes qui, conçus en dehors de toutes les conditions où doit se trouver l'artiste pour produire quelque chose de vivant, nous ont donné ces grandes toiles de nos musées qui, en peinture, sont ce qu'on a jamais créé de plus froid, de plus déclamatoire et de plus faux.

Cependant le moment était venu où l'esprit humain, dans ses transformations successives, éprouvant définitivement le besoin d'exprimer à nouveau ses conceptions sur l'homme et sur les choses, et pour la peinture de rendre les impressions et les images que leur vue peut faire naître, allait se débarrasser une fois pour toutes des liens dont on l'entourait, pour se créer une forme et des moyens nouveaux appropriés à la nature des conceptions nouvelles. Déjà, au moment même où les principes de David et sa tyrannique conception de la règle dominaient le plus complétement, deux artistes avaient échappé au niveau commun, Prud'hon, qui avait su être tendre et poétique et Gros qui, par la puissance et l'énergie de sa nature, avait en partie rompu les liens dont on l'entourait. Mais le premier qui sache véritablement se soustraire à la forme imposée par David, pour peindre en s'abandonnant à toute la fougue de son tempérament, est Géricault.

Si Géricault n'était mort si jeune, ce serait à lui sans contredit que serait revenu l'honneur d'avoir définitivement renversé l'échafaudage de convention qui s'était dressé dans le champ de l'art et, en le renversant, d'avoir ouvert le passage qui a conduit à la grande voie de la libre invention et de la création personnelle. Telles que les choses ont été, Géricault n'est que le précurseur, et c'est à Delacroix qu'était réservé l'honneur de livrer jusqu'au bout le combat et de soutenir le principal poids de l'action. L'épanouissement de l'école française moderne commence donc avec Géricault et Delacroix ; et nous allons maintenant rapidement passer en revue les maîtres que cette école a produits, pour retrouver la place exacte, au milieu d'elle, des peintres qui ont fait le sujet de cette étude.

En tête d'eux tous, comme celui qui personnifie le mieux le mouvement de réaction contre la tradition et la règle de l'ancienne école, est Delacroix. C'est à cette position qu'il occupe dans l'école moderne de peinture, analogue à celle de Victor Hugo dans les lettres, que Delacroix doit d'être l'interprète par excellence de tout un mouvement de l'esprit humain, de celui qui s'appelle le romantisme ; mais si c'est à cela qu'il doit sa puissance, c'est à cela aussi qu'il doit ses défauts, qui sont ceux mêmes du romantisme : l'emphase, un style souvent boursouflé, l'exagération du mouvement, des gestes et de l'action. En présence de l'œuvre de Delacroix, nous comprenons enfin que le don absolument nécessaire pour aborder le grand art avec succès est le génie, animé et pénétré du souffle de toute une époque. Quand ces circonstances se rencontrent comme ici, vous avez un homme qui, faisant passer devant ses yeux et voyant du même coup par l'esprit et l'imagination toutes les parties du monde visible, la nature et l'homme, donnant en même temps une forme imaginée aux scènes de l'histoire et de la religion et aux créations des poètes, fixe sur la toile l'image et le reflet de tout un monde, d'un monde empreint dans ses moindres parties du caractère du temps où il vit et du cachet de sa propre personnalité. Voilà véritablement le grand art, et si, dans certaines écoles, un seul homme comme

Rubens ou comme Rembrandt, l'a personnifié tout entier, Delacroix, pour notre école moderne, en est, de son côté, sinon toute l'expression, du moins l'expression la plus puissante.

Celui qui, après Delacroix, s'est trouvé le plus profondément pénétré de l'esprit nouveau, est Decamps. Decamps a également fixé sur la toile une image vivante du monde visible et des créations enfantées ou colorées par son imagination; mais moins puissant, moins emporté, planant dans des régions moins élevées que Delacroix, il ne donne, à côté de celui-ci, qu'une note diminuée, et on peut dire de lui qu'il est sans cesse sur un terrain indécis entre la grande peinture et la peinture de genre, tendant continuellement à s'élever vers l'une ou à retomber dans l'autre.

Pendant que les idées nouvelles sur l'art entraient de haute lutte sur la scène et s'en emparaient, un élève de l'ancienne école, Ingres, lui restait fidèlement attaché et en devenait ainsi le dernier représentant. Heureusement doué pour saisir sur les traits du modèle humain tous les côtés du caractère et de la nature d'esprit qu'ils peuvent révéler, ce qui l'a fait grand dans le portrait, Ingres n'ayant cependant point reçu en partage la vision intérieure qui crée les types idéaux et abstraits appelés à donner la vie à certains contours retracés par la main, il n'a, comme son prédécesseur David, jamais pu animer complétement les grandes créations où il s'est essayé, et on doit mettre sur la même ligne et confondre dans un même jugement l'*Apothéose d'Homère* et le *Léonidas*.

Un des élèves d'Ingres, Flandrin, qui occupe vis-à-vis de lui une position analogue à celle de Prud'hon vis-à-vis de David, c'est-à-dire qui s'est trouvé moins puissant sous le rapport des facultés du jugement et de la volonté, mais, en revanche, infiniment mieux doué sous celui de l'imagination et de la sensibilité, s'élevait dans le portrait bien près du niveau de son maître dans des œuvres comme la *Jeune fille à l'œillet* et l'*Empereur Napo-*

léon III, et le surpassait lorsqu'il fixait sur les murs de Saint-Vincent-de-Paul tout un monde de types idéalement conçus. Nature tendre, mélancolique et rêveuse, Flandrin, ayant eu dans cette circonstance à exécuter une œuvre à laquelle toutes ses aptitudes le destinaient, a su empreindre d'une aisance et d'une grâce parfaites des créations où l'émotion religieuse et les sentiments mélancoliques et mystiques qui étaient en lui sont passés tout entiers.

A côté des hommes qui représentent des systèmes d'esthétique différents, et sont comme des champions combattant pour le triomphe de certains principes, nous trouvons maintenant les artistes qui profitent des idées d'indépendance nées de la lutte des deux grands partis classique et romantique pour se créer, sans parti pris et tout naturellement, une forme propre et une manière à eux, adaptées à la nature de leurs conceptions et faites pour les rendre exactement.

Au nombre de ces derniers, il s'en trouve deux que, malgré des dissemblances sur presque tous les points qui sautent d'abord aux yeux, on doit cependant rapprocher l'un de l'autre, comme ayant également saisi, pour les rendre d'une manière originale, certains côtés saillants du caractère de leur race. Je veux parler d'Horace Vernet et de Meissonier. Il est vrai que l'un a peint les plus grandes toiles connues, et l'autre les plus petites ; que les personnages d'Horace Vernet sont des soldats habillés d'uniformes modernes, tandis que ceux de Meissonier sont vêtus de costumes de toutes les époques. Mais regardez plus avant et sous l'habit, et vous reconnaîtrez que les types peints par ces deux maîtres, avec le caractère, le tempérament et l'allure qu'ils leur donnent, sont une reproduction admirablement sentie des hommes de leur propre nation. Et c'est là ce qui explique la popularité si grande dont ils jouissent auprès du public français, qui s'est instinctivement reconnu dans leur œuvre.

J'ai déjà parlé tout au long de Meissonier, sur

lequel je n'ai plus à revenir; mais je ne saurais laisser passer le nom d'Horace Vernet sans dire quelques mots des mérites de son œuvre, dont il semble que l'on soit d'accord aujourd'hui pour faire trop peu de cas. Sans doute, la peinture d'Horace Vernet manque de couleur et de grand caractère; mais, en revanche, comme elle est naturelle, facile et spirituelle! comme elle rend fidèlement tout un côté d'un caractère national, étant peinte par un Français qui, doué de certaines aptitudes de sa race, pouvait seul aussi bien les reproduire sur la toile se déployant dans l'action! Aussi bien les soldats d'Horace Vernet sont-ils de véritables soldats français admirablement sentis et rendus, avec tout le caractère intime et les instincts que la guerre et la vie des camps développent en eux, et non point de simples modèles d'atelier et des hommes de caserne, comme tant d'artistes en ont peint.

Pendant qu'Horace Vernet et que Meissonier

fixaient sur la toile une image vivante des hommes de leur race, toute une pléiade de peintres portait ses regards du côté de la nature pour la rendre sous ses divers aspects, et il se découvrait dans cette voie un nombre si considérable de maîtres et d'artistes de talent, que la seule école hollandaise nous présente, dans le même genre, quelque chose d'analogue. Rattaché aux naturalistes par le côté le plus saillant de son œuvre, un artiste doué d'aptitudes rares, mais essentiellement incomplet, M. Courbet, personnifiait en lui le réalisme, qui, comme une manière possible d'entrevoir les choses, se retrouve, à des degrés divers et sous différentes formes, dans presque toutes les écoles de peinture.

Les peintres que je viens de nommer, avec tous ceux qui ont marqué dans les différents genres, sans atteindre à une assez grande hauteur pour qu'on puisse les mentionner séparément dans un aussi rapide résumé, constituent la tribu des véritables artistes, des artistes émus ou inspirés qui, dans la voie qu'ils ont suivie, ont réalisé du plus au moins, par une réussite et un mérite égaux de l'expression et de la forme, l'œuvre que l'étendue de leurs aptitudes natives les destinait tout naturellement à produire. A côté et en dessous de ceux-ci, se trouvent les hommes privés de quelques-unes des qualités essentielles au véritable artiste, ou bien de l'imagination et de la sensibilité développées à un degré suffisant, et qui remplacent alors le premier jet de l'inspiration et la facilité de l'invention, qui leur manquent, par tous les efforts que peuvent inutilement faire, pour en tenir lieu, la volonté et la réflexion s'aidant du travail et de la science.

En tête de ce groupe, très-rapprochés des premiers maîtres et seulement séparés d'eux par une légère barrière, mais enfin séparés d'eux, se trouvent Ary Scheffer et Paul Delaroche.

Chez Ary Scheffer, il n'y a point égalité de mérite entre la vision intérieure et la forme qu'elle prend pour se produire. Du côté matériel de l'art et sous le rapport de la forme, Ary Scheffer n'a donc presque rien créé qui ait rendu, d'une manière complétement dignes d'elles, les grandes pensées et les émotions de l'ordre le plus élevé qu'il s'est essayé à fixer sur la toile.

Il y a peu d'hommes qui, dans certaines occasions, ne ressentent les émotions particulières au poète et à l'artiste, et qui, pour le sentiment, ne soient alors momentanément leurs égaux; mais ce que le poète et l'artiste ont seuls reçu en partage, et ce qui les sépare absolument du reste des humains, c'est la faculté merveilleuse de pouvoir donner un corps à leurs émotions en les faisant passer pour en conserver la trace, celui-ci dans des vers, cet autre sur la toile. Ary Scheffer, comme tous les hommes mieux doués sous le rapport de la volonté et de la pensée que sous celui de l'imagination et de la sensibilité, n'a possédé qu'imparfaitement cette puissance de fixer dans une forme originale et se trouvant tout naturellement ce qu'il sentait ou ce qu'il voyait par l'esprit. De là, dans son œuvre, ce manque de naturel et cette recherche de la pose; de là ces expressions forcées et ces visages tendus; de là surtout cette absence de personnalité dans sa manière et dans son faire, si bien que, n'ayant naturellement en propre aucun procédé de peinture, il s'est trouvé sous l'influence de Delacroix au moment où florissait le romantisme, en peignant par larges empâtements et en s'essayant à faire avant tout œuvre de coloriste, pour finir dans une voie diamétralement opposée, en ne mettant plus sur la toile qu'un soupçon de peinture et des glacis. Et si, dans quelques belles œuvres du milieu de sa carrière, comme sa *Françoise de Rimini*, il a su trouver une forme de même valeur que sa pensée, dans tout son commencement il est trop sous l'influence d'autrui, et vers sa fin, dans le moment où il est le plus original, trop imparfait sous le rapport de la forme pour qu'on puisse le mettre tout à fait au premier rang et en faire l'égal des plus grands.

Paul Delaroche est peut-être, de tous les artistes célèbres de nos jours, celui qui a le moins de défauts. Ses tableaux sont toujours bien composés, ses personnages bien groupés; son dessin est correct et rend tout ce qu'il veut rendre; son modelé est ferme et arrêté sans être dur; sa touche est large et son faire suffisamment solide. Mais si l'artiste n'a point de défauts saillants, c'est qu'il se tient en tout et pour tout dans un juste milieu qui le prive en même temps, sinon de toutes les grandes qualités, au moins des plus grandes. Entre les romantiques et les classiques, entre les coloristes et les dessinateurs, Delaroche, s'il n'a point les défauts des uns ou des autres, n'a point non plus leurs qualités, et comme il ne possède pas en propre un tempérament puissant, ce juste milieu en tout est précisément devenu pour lui un défaut beaucoup plus grand que tous ceux qu'il eût pu avoir, et a suffi pour qu'il se trouve aujourd'hui tout naturellement placé à un rang fort diminué.

L'œuvre de Delaroche est la contre-partie dans l'art de ce que le roman historique a été dans la littérature. La peinture d'histoire, telle qu'elle a été comprise par Delaroche et continuée par Robert Fleury et par Charles Comte, est donc aujourd'hui aussi justement abandonnée que le roman historique, et si Delaroche a pu en tirer quelques très-belles pages, comme l'*Hémicycle du palais des Beaux-Arts* et l'*Assassinat du duc de Guise*, c'est dans ces œuvres mêmes, qui sont ses meilleures, que l'on peut voir tout ce qui manque au genre qu'il avait adopté et tout ce qui, comme artiste pour atteindre aux sommets, lui manquait à lui-même.

Nous allons maintenant rapidement descendre. Au plus beau moment d'épanouissement de l'école moderne, nous trouvons déjà, s'essayant dans le grand art, des artistes qui ne réussissent qu'incomplétement et qui ne viennent qu'en seconde ligne, mais qui n'en produisent pas moins la *Françoise de Rimini* et l'*Hémicycle*. A ceux-ci en succèdent d'autres qui leur demeurent inférieurs, MM. Couture, Hébert, Benouville, mais qui sont encore capables de nous donner les *Romains de la décadence*, la *Malaria*, le *Saint François d'Assise*.

Mais à ceux-ci, comme quatrième échelon, en succèdent d'autres encore, MM. Bouguereau, Baudry, Moreau, Lévy, et ces derniers venus, comme œuvres douées d'originalité et de puissance, qu'est-ce qu'ils ont produit? A tous les derniers venus s'essayant dans le grand art, à presque tous les derniers venus dans tous les genres, les dons qui font les artistes puissants manquent absolument, ou plutôt le malheur des temps a fait naître tous ces peintres au milieu de circonstances absolument défavorables au développement des puissantes individualités, et ils se trouvent ainsi tout naturellement étiolés avant même d'être sortis de l'œuf et d'avoir pu prendre leur vol.

A l'art que cultivent des hommes de plus en plus nombreux, qui n'ont des choses qu'une conception et un sentiment vulgaires, rendus sans véritable puissance, j'ai donné le nom d'*art bourgeois,* ne trouvant point d'autre expression pour caractériser d'un trait, en le séparant du véritable art ému et inspiré, celui qui n'a presque plus que des qualités de métier, et auquel on ne s'adonne que pour obéir à un goût du public, alimenter une demande des acheteurs et fournir à un besoin du marché. Ceci nous place définitivement sur un terrain où règnent les lois de l'offre et de la demande, et ce sont ces seules lois qui peuvent expliquer la production envahissante d'une multitude de tableaux de pacotille, des nombreux portraits sans aucun caractère qui encombrent nos expositions, ou bien encore de toutes ces toiles commandées par l'État où des artistes de talent viennent successivement s'amoindrir et s'épuiser, en peignant des œuvres dont les meilleures sont à peine supportables, tandis que les plus mauvaises font reculer d'horreur.

Il est chez certaines nations des moments heureux où, sous le coup de causes mystérieuses et comme résultat d'un travail qui s'est silencieusement fait dans les profondeurs de l'esprit national, on voit tout à coup surgir une pléiade d'hommes puissants dans les arts qui, doués chacun d'une originalité propre et d'une personnalité accentuée, mais cependant tous dominés par les grandes tendances et le caractère de leur siècle et de leur pays, ont de ce seul fait un certain air de famille qui conduit tout naturellement à les grouper en école. Notre siècle a vu une éclosion et une floraison de ce genre lorsque ont surgi, dans l'espace d'une ou deux générations, tous les grands artistes que nous venons de passer en revue ; mais le temps a marché, les plus grands sont morts, ceux qui restent encore sont vieux ou déjà fatigués, et rien dans les générations nouvelles ne nous annonce qu'ils doivent avoir de successeurs. C'est là le résultat inévitable de cette loi fatale qui condamne tout grand mouvement créateur de l'esprit humain, quel que soit son caractère ou sa nature, à se dérouler d'une manière forcée, et, après avoir eu son commencement et son point culminant, à avoir aussi sa fin, en trouvant un jour taries les sources d'où la sève coulait à pleins bords.

Les causes spéciales qui peuvent venir hâter le déclin de l'école moderne, à mesure qu'elle s'éloigne de sa période d'éclosion et de vigueur, nous les avons déjà indiquées en passant, et nous pourrions nous y arrêter de nouveau pour mieux les signaler, mais de pareilles recherches s'écarteraient trop de notre sujet, et elles ne changeraient point la nature de nos conclusions ; et puisque l'affaiblissement de notre école de peinture est aujourd'hui un fait acquis et malheureusement irrémédiable, tout ce que nous pouvons faire est de nous attacher de plus en plus à l'œuvre des maîtres qui nous restent, pour nous consoler de l'abîme de médiocrité qu'en cherchant à percer l'avenir, on entrevoit pour les temps qui s'annoncent.

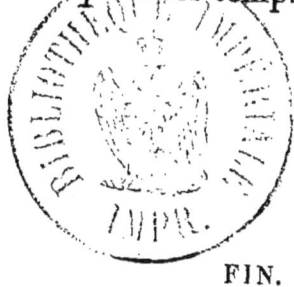

FIN.

TABLE

	Pages
Avant-propos.	1
Ingres.	3
Les naturalistes.	21
Les peintres de genre.	61
M. Courbet.	85
M. Manet.	103
L'art bourgeois.	113
L'art officiel.	141
Conclusion.	153

FIN DE LA TABLE.

Paris. Imprimerie Balitout, Questroy et C⁺, rue Baillif, 7.

29 januari 86

www.ingramcontent.com/pod-product-compliance
Lightning Source LLC
Chambersburg PA
CBHW050210230526
45470CB00001B/318